新时代马克思主义经典文献精学导读丛书

主编/顾海良

《路易·波拿巴的雾月十八日》精学导读

吴海江　徐伟轩◎著

科学出版社

北　京

内 容 简 介

《路易·波拿巴的雾月十八日》是马克思在 1852 年应友人之邀，针对波拿巴政变前后法国动荡局势而创作的政论性著作，是马克思运用唯物史观基本原理，分析法国社会政治矛盾，总结阶级斗争经验的经典篇目。本书在回顾《路易·波拿巴的雾月十八日》一书的创作背景、出版情况、写作特点和史实刻画的基础上，着重叙述了马克思剖析错综复杂的法国政治局势的科学方法，深刻揭示了马克思在描绘法国革命走向中，对历史分析法和阶级分析法的具体化运用，并以时代化的视角，深入挖掘了这部经典著作的重要理论贡献和历史价值。

本书可供广大党员干部，马克思主义理论、中共党史党建、政治学专业的学生，以及对马克思主义经典著作感兴趣的读者阅读。

图书在版编目(CIP)数据

《路易·波拿巴的雾月十八日》精学导读 / 吴海江，徐伟轩著. --北京：科学出版社，2025. 7. --（新时代马克思主义经典文献精学导读丛书 / 顾海良主编）. -- ISBN 978-7-03-082641-1

Ⅰ. A811.22

中国国家版本馆 CIP 数据核字第 2025GM7484 号

责任编辑：刘英红　张春贺 / 责任校对：张亚丹
责任印制：师艳茹 / 封面设计：润一文化

科学出版社 出版
北京东黄城根北街 16 号
邮政编码：100717
http://www.sciencep.com

天津市新科印刷有限公司印刷
科学出版社发行　各地新华书店经销

*

2025 年 7 月第 一 版　　开本：720×1000　1/16
2025 年 7 月第一次印刷　　印张：13 1/4
字数：136 000
定价：**58.00 元**

（如有印装质量问题，我社负责调换）

丛书编委会

主编：顾海良

成员：（以姓氏拼音字母为序）

艾四林　陈锡喜　丰子义　李佑新　刘　军

佘双好　孙蚌珠　孙代尧　孙来斌　孙熙国

王　东　王公龙　王宏波　王树荫　肖贵清

徐俊忠　张雷声

总　　序

　　"新时代马克思主义经典文献精学导读"是根据新时代学习马克思主义经典著作的需要，对各主要的经典著作所蕴含的马克思主义基本原理及其精神实质作出学习和研究性导读。

　　马克思主义基本原理是马克思主义的理论精粹，体现了马克思主义的根本性质和整体特征，体现了马克思主义立场观点方法的核心要义，体现了马克思主义科学性、人民性、实践性和时代性的思想特征。习近平总书记指出："掌握马克思主义，最重要的是掌握它的精神实质，运用它的立场、观点、方法和基本原理分析解决实际问题。"[①]在坚持和发展中国特色社会主义中，我们说"老祖宗"不能丢，在根本上就是马克思主义基本原理不能丢。

　　马克思主义基本原理深刻地蕴含于马克思主义经典著作之中；马克思主义经典著作是马克思主义基本原理的思想本源和理论基础。同时，马克思主义经典著作也蕴藏着马克思主义经典作家汲取人类探索真理的丰富的思想成果，深刻展现了马克

---

　　① 习近平：《中国共产党 90 年来指导思想和基本理论的与时俱进及历史启示》，《学习时报》2011 年 6 月 27 日。

思主义经典作家攀登科学高峰、矢志追求真理的精神境界。深入研读马克思主义经典著作是理解和掌握马克思主义基本原理的必修课，也是理解和掌握马克思主义理论体系的基本功。如习近平总书记所指出的："共产党人要把读马克思主义经典、悟马克思主义原理当作一种生活习惯、当作一种精神追求，用经典涵养正气、淬炼思想、升华境界、指导实践。"①

"马克思主义就是我们共产党人的'真经'，'真经'没念好，总想着'西天取经'，就要贻误大事！"②在提到学习《共产党宣言》的重要意义时，习近平总书记提出："广大党员、干部特别是高级干部要学好用好《共产党宣言》等马克思主义经典著作，坚持学以致用、用以促学，原原本本学，熟读精思、学深悟透，熟练掌握马克思主义立场、观点、方法，不断提高马克思主义理论素养。"③理论联系实际，在深化马克思主义经典著作研究阐释中，"推进经典著作宣传普及，让理论为亿万人民所了解所接受，画出最大的思想同心圆"④。

"新时代马克思主义经典文献精学导读"对各经典著作的研究阐释，由北京大学、中国人民大学、北京师范大学等高校马克思主义学院从事马克思主义经典著作教学和研究的学者担

---

① 《十九大以来重要文献选编》上，中央文献出版社 2019 年版，第 434 页。
② 《习近平关于全面从严治党论述摘编》，中央文献出版社 2016 年版，第 66 页。
③ 习近平：《中国共产党是〈共产党宣言〉精神忠实传人》，《人民日报》2018 年 4 月 25 日。
④ 习近平：《深刻感悟和把握马克思主义真理力量 谱写新时代中国特色社会主义新篇章》，《人民日报》2018 年 4 月 25 日。

纲。在对各经典著作的研究阐释中，首先力求对各经典著作形成的社会和历史条件作出准确解读，凸显相应的马克思主义基本原理形成和发展的思想基础和理论背景；其次力求对各经典著作理论内涵和精神实质作出系统导读，彰显新时代学习和实践相应的马克思主义基本原理的理论意义和现实意义；最后力求对经典著作中体现的科学原理和科学精神相结合的思想特征作出全面论述，更为深刻地理解"历史和人民选择马克思主义是完全正确的，中国共产党把马克思主义写在自己的旗帜上是完全正确的，坚持马克思主义基本原理同中国具体实际相结合、不断推进马克思主义中国化时代化是完全正确的"[①]。

"要以科学的态度对待科学，以真理的精神追求真理，不断赋予马克思主义以新的时代内涵。"[②]习近平新时代中国特色社会主义思想就是当代中国马克思主义，就是 21 世纪马克思主义。学习马克思主义经典著作，要同学习习近平新时代中国特色社会主义思想结合起来。在这一结合中，更为深刻地理解习近平新时代中国特色社会主义思想，更有定力、更有信心，也更加自觉、更加自信地坚持和发展新时代中国特色社会主义，确保中华民族伟大复兴的巨轮始终沿着正确航向破浪前行。

顾海良

2019 年 11 月 1 日

[①]《十九大以来重要文献选编》上，中央文献出版社 2019 年版，第 427—428 页。

[②] 习近平：《深刻感悟和把握马克思主义真理力量 谱写新时代中国特色社会主义新篇章》，《人民日报》2018 年 4 月 25 日。

目　　录

第一章　《路易·波拿巴的雾月十八日》的创作背景⋯⋯⋯⋯ 1

一、跌宕起伏的 19 世纪法国政局 ⋯⋯⋯⋯⋯⋯⋯⋯⋯⋯ 2

二、马克思对法国革命的长久研究 ⋯⋯⋯⋯⋯⋯⋯⋯⋯ 14

三、革命挚友魏德迈的诚挚邀约 ⋯⋯⋯⋯⋯⋯⋯⋯⋯⋯ 23

第二章　《路易·波拿巴的雾月十八日》的出版情况⋯⋯⋯ 32

一、文本的创作与最早的版本 ⋯⋯⋯⋯⋯⋯⋯⋯⋯⋯⋯ 33

二、马克思、恩格斯的两次作序 ⋯⋯⋯⋯⋯⋯⋯⋯⋯⋯ 37

三、《雾月十八日》在中国的传播与影响 ⋯⋯⋯⋯⋯⋯⋯ 45

第三章　《路易·波拿巴的雾月十八日》的写作特点⋯⋯⋯ 54

一、"分期铺陈"的记叙方式 ⋯⋯⋯⋯⋯⋯⋯⋯⋯⋯⋯ 54

二、"对照布景"的修辞手法 ⋯⋯⋯⋯⋯⋯⋯⋯⋯⋯⋯ 59

三、"喜剧表演"的艺术风格 ⋯⋯⋯⋯⋯⋯⋯⋯⋯⋯⋯ 64

第四章　《路易·波拿巴的雾月十八日》对法国革命的

　　　　史实刻画⋯⋯⋯⋯⋯⋯⋯⋯⋯⋯⋯⋯⋯⋯⋯⋯ 69

一、"二月革命"的经过与制宪议会的崩溃 ⋯⋯⋯⋯⋯⋯ 70

二、议会制共和国的乱象与瓦解 ⋯⋯⋯⋯⋯⋯⋯⋯⋯⋯ 76

三、路易·波拿巴的崛起与登台 ⋯⋯⋯⋯⋯⋯⋯⋯⋯⋯ 81

四、拿破仑三世帝制的最终结局 ⋯⋯⋯⋯⋯⋯⋯⋯⋯⋯ 87

第五章 法国革命动向的物质生活条件的"锁钥" ………… 93

一、政治派别纠葛背后的利益冲突与分化 ………… 95

二、小块土地所有制与"拿破仑观念"的根深蒂固… 104

三、拿破仑复辟的军事官僚机器 ………… 110

第六章 波拿巴历史闹剧中法国各社会阶级的"众生相"… 117

一、工人运动的无畏与稚嫩 ………… 118

二、有产者的虚假面目 ………… 122

三、小农阶级的二重性 ………… 127

四、路易·波拿巴的阶级属性 ………… 131

第七章 《路易·波拿巴的雾月十八日》的历史评价 ……… 138

一、马克思主义经典作家的重要评论 ………… 138

二、西方马克思主义学派经典作家的重要评论 ……… 144

三、当下中国马克思主义学者的品读观点 ………… 148

第八章 《路易·波拿巴的雾月十八日》的理论贡献 ……… 158

一、揭示了人类活动和历史运动的客观规律 ………… 160

二、提出了评价历史事件和历史人物的科学方法 ……… 165

三、丰富了无产阶级专政理论 ………… 170

四、发展了马克思主义国家学说 ………… 175

第九章 《路易·波拿巴的雾月十八日》的当代丰碑 ……… 178

一、马克思主义的世界观是鲜活的方法论 ………… 179

二、阶级观点是读懂社会历史走向的法宝 ………… 185

三、无产阶级专政是社会主义事业的基石 …………195

第一章 《路易·波拿巴的雾月十八日》的创作背景

  《路易·波拿巴的雾月十八日》（以下简称《雾月十八日》）是马克思在 1851 年 12 月至 1852 年 3 月，应共产主义者同盟盟员、流亡美国的革命志友约瑟夫·魏德迈的邀请，为其主办的《革命》周刊而撰写的一组政论文章。这部作品以一位亲历者而非旁观者的视角，深刻分析了法国自 1848 年以来以路易·波拿巴粉墨登场为核心的重大政治事件及其背后的社会革命教训，是马克思继《1848 年至 1850 年的法兰西阶级斗争》之后又一部关于法国革命专题研究的经典著作。应当说，《雾月十八日》这一作品的问世既带有偶发的历史机缘，也深藏着不可忽视的主客观条件，尤其是离不开马克思本人对法国社会历史和无产阶级革命的长期追踪与考察。一方面，作为欧洲名副其实的大国，法国命运自 1789 年以来就一直同革命与复辟交织在一起，其跌宕起伏的政局时刻牵动着欧洲大陆的政治走向，并吸引了不少社会革命家、政治观察家乃至文学工作者的关切和研究；另一方面，马克思深受法国大革命的熏陶，巴黎时代更是马克思主义思想演进和投身工人运动的重要阶段，法国的政治形势和革命前景是马克思既不可能忽视，也无法割舍的研究内容。按照恩格斯的评价，正是基于这种历史的洞见性和时代的敏锐性，马克思才得以完成这部"叙述了二月事变以来法国历史的全部进程的内在联系，揭示了 12 月 2 日的奇迹就是这种联系的自然和必然的结果"①的天才的著作。

一、跌宕起伏的 19 世纪法国政局

自 1789 年大革命以来，法国的政治局势可谓始终处在剧烈波动和跌宕起伏的状态。从绝对君主制的崩溃，到民主共和制度的建立，从拿破仑一世的崛起，到波旁王朝的复辟，从无产阶级革命之火的燃烧，到世袭制的卷土重来，法国政坛上演了一幕又一幕的斗争剧情。恩格斯曾指出："法国是这样一个国家，在那里历史上的阶级斗争，比起其他各国来每一次都达到更加彻底的结局；因而阶级斗争借以进行、阶级斗争的结果借以表现出来的变换不已的政治形式，在那里也表现得最为鲜明。"②在欧洲大陆，法国是等级君主制国家的典型，自 18 世纪末以来，法国既是封建制度的"中心"，又是粉碎封建制度的"前沿"。一方面，法国将旧体制完全打碎，并建立起同

---

① 《马克思恩格斯文集》第 2 卷，人民出版社 2009 年版，第 468 页。
② 《马克思恩格斯文集》第 2 卷，人民出版社 2009 年版，第 468 页。

封建制度本质不同的统治秩序，即资产阶级共和制；另一方面，无产阶级与资产阶级的矛盾冲突和激烈斗争也在这个国家表现得比其他国家更为明显。这种剧烈的变革、巨大的差异、反复的进路是其他欧洲国家未曾发生，也不曾具有的，既成为马克思创作《雾月十八日》的原初背景，更直接激起了马克思深层次的历史反思。

（一）1789 年法国大革命与法兰西第一共和国时期

1789 年 7 月 14 日，巴黎市民攻占巴士底监狱，由此拉开了法国大革命的序幕。这场革命活动是法国历史的重大转折点，统治法国 200 多年的波旁王朝土崩瓦解，在位 18 年的路易十六被赶下王位，并被送上断头台。乔治·杜比对这位法国君主的人生精彩描述道："1789 年的法国仍有一个权力无限的国王，作为活的法律，路易十六毫无光辉的色彩，但他居于社会结构的顶端，是为特权者服务的秩序的保护人。"[1]随着革命的爆发及其向乡村的扩散，原来陈旧的公共秩序经历了崩溃、消散的过程，农村逐渐陷入一种无人管理的状态，在这种恐慌情绪的影响下，农民将结束苛捐杂税和封建依附制度作为支持革命的目标[2]。为了赢得广大农民的支持，顺应农村革命

---

① [法]乔治·杜比：《法国史》，吕一民、沈坚、黄艳红，等译，商务印书馆 2010 年版，第 808 页。
② [英]威廉·多伊尔：《法国大革命的起源》，张弛译，上海人民出版社2016 年版，第 200—202 页。

的潮流，所有封建义务在 8 月 4 日这一天被废除了，该决定由国民制宪议会宣布，它是当时革命的领导中心。这些被废除的封建义务不仅包括一系列贵族、外省和市镇的人身特权，还包括大量搜刮民脂民膏的项目，如什一税、教会捐贡和卖官鬻爵的收入。随后国民制宪议会迅速展开行动，成立宪法起草委员会，这是起草革命宪法的专责机构。在经过不同政治势力一系列复杂的博弈和协商后，《人权宣言》最终在 8 月 26 日被国民制宪议会正式通过，这份标志性的文件打上了深刻的启蒙运动烙印，成为法国大革命的象征。该文件被誉为人类历史上第一部具有"普遍意义的政治民主与社会民主的宪章"[1]，它由前言和 17 项具体条款两部分组成，各项具体条款相互独立。法国的政治、文化、思想和社会生活等各个方面都受到了这场革命运动的影响。革命引发的社会变革持久而剧烈，以至 19 世纪上半叶的法国政坛始终处于"你方唱罢我登场"的局面。

从 1789 年 8 月 27 日到同年的 10 月 1 日，一场围绕国王是否具有宪法制定以及国家制度安排权力的大辩论在法国革命者中展开，最终的结果是两院制的方案被拒之门外，对立法的否决权被国王暂时攫取了。这个方案是由温和派或王政派提出的，其代表人物是当时的自由主义领袖穆尼耶和马卢埃[2]。而

---

① 赵铁生：《近代资本主义社会原则的宪章——〈人权宣言〉》，《内蒙古民族师院学报（哲学社会科学·汉文版）》1991 年第 3 期。

② [英]威廉·多伊尔：《牛津法国大革命史》，张弛，等译，北京师范大学出版社 2015 年版，第 149 页。

在这场关于王权的辩论中，自由主义派别相较于国王还是稍显逊色。然而，革命没有就此停息，由于路易十六对革命者表现出极大的不尊重，加之有传言说他企图调动军队镇压革命者，巴黎人民在愤怒之下再次发动起义。十月事件的爆发使国王不得不做出一些妥协，不仅将 8 月以来一系列约束王权的法令予以通过，还同国民制宪议会一道，将办公所在地从凡尔赛迁往巴黎。1792 年 9 月 21 日，拥有立法权与行政权的国民公会开幕，这次会议决定废黜国王，由此法兰西第一共和国成立。当时，由信奉自由主义的法国工商业代表组成的吉伦特派（又称"布里索派"或"长棍面包派"）以其对宫廷的激烈抗争而赢得了巴黎民心，于 1792—1793 年掌握了政权。1792 年 4 月，法国正式向奥地利和普鲁士宣战。由于法国在战场上不断失利，吉伦特派被迫大量征兵，叠加国内已有的各种社会矛盾，最终，雅各宾派成功发动了推翻吉伦特派的起义。吉伦特派倒台后，法国大革命中的一个全国性的革命团体——雅各宾俱乐部的激进派掌握了政权[①]。1794 年，罗伯斯庇尔因其"恐怖统治"而被送上断头台，雅各宾派的统治宣告结束，法国政局再次陷入动荡之中。1799 年 11 月 9 日，在一群被视为右翼势力（西耶斯是其中的代表人物）的支持下，拿破仑·波拿巴最终发动了一场宫廷政变，即"雾月政变"。政变结束后，他向法

---

① 张弛：《近二十年欧美学界对法国大革命恐怖主义的研究》，《史学理论研究》2013 年第 4 期。

国人妄称变革的时代已经落幕①。拿破仑·波拿巴的统治就此开启，其统治法国的时间前后长达 15 年之久。

（二）法兰西第一帝国时期

平民阶层出身的拿破仑之所以能取得政权，与法国动荡的政治局势密切相关，也与他在军队中的威望和影响力息息相关。军队是不稳定社会状态下对政局起关键作用的力量，在剧变的局势中，谁掌握了军队，谁就拥有决定性的政治资本。拿破仑毕业于巴黎军官学校，他初次崭露头角是在热月党人所建立的督政府时期，在他的帮助下，保王党的叛乱被迅速平定。此后，拿破仑多次在对内平定叛乱和对外战争过程中取得胜利。因为屡建奇功，他被破格提升为准将，积累了强大的支持力量和社会声望。1799 年 10 月 7 日，从远征埃及途中秘密回到法国的拿破仑被法国民众当成"救星"来欢迎。经由政变上台的拿破仑进行了多项重大改革，最为著名的则是颁布了由他下令起草、制定并亲自参与讨论的《拿破仑法典》。《拿破仑法典》由三大部分构成，包含法律条文达到了 2281 条，第一部分是人法，第二部分是物法，第三部分是获取各类所有权的方法的规定，它被认为是"资本主义国家最早的一部民法法典"。1804 年，法国发生了一系列反抗甚至企图取代拿

---

① [英]威廉·多伊尔：《牛津法国大革命史》，张弛，等译，北京师范大学出版社 2015 年版，第 470 页。

破仑的阴谋事件①，这不仅引发了拿破仑的担忧，更激起了他对巩固权力、成为皇帝的欲望。"他需要一个徽记来证明自己，前提是这个徽记是别人无法拥有的，并且它的光辉能够照耀欧洲近两千年的历史。不管他是作为一个善于计算的人，还是作为一个伟大的谋略家、心理学家以及政治家，他对于那样的徽记无比的渴望和需求，因为拥有它就等于拥有了不需要战争就可以保护国土的资本。最重要的是，他强烈的家族观念更需要他的荣誉被一代又一代地传承下去。"②

1804 年 11 月 6 日，《共和十二年宪法》获得公民投票通过，宣布拿破仑成为法兰西帝国的皇帝。1804 年 12 月 2 日，拿破仑在巴黎圣母院举行了隆重气派的加冕典礼，正式加冕称帝，法兰西第一帝国建立。由于拿破仑并不是欧洲王权的正统，在统治后期，他曾试图获得欧洲封建国家君主的正统地位，但其他欧洲国家的封建君主只将他视为"王权篡夺者"。他深刻认识到："丧失了这种基础的权力是岌岌可危、摇摇欲坠、而又是容易遭受攻击的。"③法兰西第一帝国长期处于对外战争状态，拿破仑率军五次打败英、普、奥、俄等国组成的反法同盟。1812 年 9 月，拿破仑远征俄罗斯帝国遭遇重大失

① [美]威尔·杜兰：《世界文明史》第 11 卷《拿破仑时代》，幼狮文化公司译，东方出版社 1999 年版，第 457—458 页。

② [德]埃米尔·路德维希：《拿破仑传》，吕双波译，中国书籍出版社 2016 年版，第 159 页。

③ [美]艾伦·肖姆：《拿破仑大传》，贺天同译，上海社会科学院出版社 2005 年版，前言第 2 页。

败，帝国从此由盛转衰。

1814 年 3 月，在第六次反法同盟的攻击下，巴黎陷落，拿破仑被迫退位，被流放至厄尔巴岛。1814 年 4 月，路易十八回国，法国波旁王朝复辟。两个月后，即 1814 年 6 月，路易十八签署并颁布了《1814 年宪章》。这一宪章某种程度上反映了当时的统治集团试图在陈旧制度与新兴革命原则之间寻求平衡：一方面，大革命期间取得的一些成果得到了承认；另一方面，复辟的反动性和所谓恢复"正统秩序"的意图又在其中展露无遗。因此，这份宪章实际上是对革命的妥协和旧制度复归的杂糅。1815 年，拿破仑从流放地逃出，再次回到巴黎，建立"百日王朝"，路易十八流亡海外。然而，在反法同盟的再次围剿下，拿破仑军队在滑铁卢大战中遭遇惨败，"百日王朝"统治结束，拿破仑帝国彻底覆灭，取而代之的是第二次复辟的波旁王朝，路易十八再次登上王位。1824 年，查理十世继位，并一直执政到七月革命的爆发。复辟的波旁王朝虽然在政治、经济、文化、社会等领域取得了一些成绩，但是其本身作为"反潮流"的政权，加上政权内部的脆弱性，决定了其覆灭的必然性。

（三）七月王朝时期

1830—1848 年执政的七月王朝又称为奥尔良王朝，是法国君主立宪制存续时间最长的王朝。1830 年，法国金融贵族和大资产阶级对选举权被剥夺一事大为愤怒，由此发动七月革命，推翻了复辟的波旁王朝，国王查理十世被迫退位，其指定的继任者亨利未能继位。1830 年 8 月 7 日，众议院以 219 票对 33 票通过决议，出身奥尔良家族的路易·菲利普①被拥立为国王，七月王朝由此建立。七月王朝执政期间，无论是经济领域的改革还是政治领域的民主变革，都遭到了法国贵族坚决的抵制和反对，王朝的政策取向最终完全倒向极端保守的方向，其高压专制的行径和官员的贪腐招致法国民众的强烈不满，最终在"二月革命"中轰然倒台。马克思认为，"七月王朝不过是剥削法国国民财富的股份公司，这个公司的红利是在内阁大臣、银行家、24 万选民和他们的走卒之间分配的。路易-菲力浦是这个公司的经理——坐在王位上的罗伯尔·马凯尔"②。他还指出："这个制度经常不断地威胁和损害商业、工业、农业、航运业，即工业资产阶级的利益，而这个资产阶级在七月事变时在自己的旗帜上写下的是 gouvernement à bon marché——廉价政府。"③

（四）法兰西第二共和国时期

1848 年 2 月 23 日，法国"二月革命"爆发，首相基佐下台，国王路易·菲利普被迫退位，代表金融贵族和大资产阶级

---

① 又译作"路易-菲力浦"。
②《马克思恩格斯文集》第 2 卷，人民出版社 2009 年版，第 82 页。
③《马克思恩格斯文集》第 2 卷，人民出版社 2009 年版，第 82 页。

利益的七月王朝存在了 18 年的时间便轰然倒台了。2 月 24 日，阿尔方斯·德·拉马丁成立临时政府，资产阶级共和国——法兰西第二共和国成立，法国社会由此进入了一个新的政治发展阶段。英国学者艾瑞克·霍布斯鲍姆在分析这场革命成功的原因时指出，在资产阶级势力日益壮大的国度中，有一个基本的趋势是无可避免的，那就是贵族地主和专制君主势力相对衰退的趋势，"无论他们以什么样的政治妥协方案来企图保留其地位影响，甚至政治权势"①。遗憾的是，虽然无产阶级在这场革命中发挥了至关重要的作用，并且在革命之后获得了部分政治权益，但是，革命的果实最终还是落到了资产阶级的手中。此时，路易·波拿巴正充当英国的特别警察，同英国当局一道镇压 1848 年 4 月由"宪章派"组织的工人运动②。1848年 5 月 4 日，法国制宪议会举行会议。这次会议不仅全面否定了"二月革命"的成果，还完全依照资产阶级的意图，将法国的无产阶级排除在了现有的政权体系之外。会议正式承认 2 月24 日宣布的共和国是国家制度形式。同年 5 月 10 日，制宪议会宣布解散临时政府，取而代之的是"执行委员会"。到了这年的 12 月，经过混乱的选举，路易·波拿巴当选为法国总统，并组建了由资产阶级的"正统王朝派"与奥尔良派联合的"秩序党"政府。其中，所谓"正统王朝派"主要指的是拥护

---

① [英]艾瑞克·霍布斯鲍姆：《革命的年代：1789—1848》，王章辉，等译，江苏人民出版社 1999 年版，第 411 页。

② 陈乃昌：《马克思主义发展史话》，天津人民出版社 2002 年版，第 66 页。

1792 年被推翻的代表法国世袭贵族和大地主利益的波旁王朝的一群人。这一群体结成政治派别最早可以追溯至 1830 年，即波旁王朝第二次被颠覆以后①。"奥尔良派"则是指拥护奥尔良公爵的一批人。奥尔良公爵曾在 1830 年七月革命至 1848 年"二月革命"期间执掌法国政权，是波旁王朝的旁系，主要代表金融资产阶级的利益②。在第二共和国时期，路易·波拿巴与"秩序党"始终伴随着合作与斗争。1849 年 6 月 13 日，秩序党人瓦解了小资产阶级民主派在议会中的力量，将联合保皇党人的立法独裁弄成既成事实。反革命的资产阶级狂欢极乐，猖獗一时③。法兰西第二共和国仅仅存在了 3 年多的时间，就被路易·波拿巴的政变毁灭。在《雾月十八日》中，注重实际的马克思将 1848 年 2 月 24 日到 1851 年 12 月 2 日的这一时期，划分为"二月革命"、共和国建立和立宪共和国三个主要阶段④。

（五）路易·波拿巴政变

这场政变在 1848 年法国革命后的第三年到来，时任法兰

---

① 《马克思恩格斯全集》第 37 卷，人民出版社 1971 年版，第 544 页，第 51 条注释。

② 《马克思恩格斯选集》第 1 卷，人民出版社 1972 年版，第 748 页，第 182 条注释。

③ 周勇胜：《〈雾月十八日〉与历史唯物主义》，陕西人民出版社 1987 年版，第 77—78 页。

④ 《马克思恩格斯文集》第 2 卷，人民出版社 2009 年版，第 476 页。

西第二共和国总统的路易·波拿巴是这场政变的主角。他在一个以"十二月十日会"为名的秘密帮会性质的组织的帮助下发动了这场政变，政变的结果是共和制被废除，议会被解散。在路易·波拿巴的操纵下，法国确立起军事独裁统治，并在随后不久转向了帝制。路易·波拿巴对自己的身世颇有讲究，他本人将"拿破仑一世的侄子"这一名号的政治意义发挥到了极致。追溯其家谱，这一名号并非子虚乌有，拿破仑·波拿巴即拿破仑一世，拿破仑·波拿巴与他的第二位皇后玛丽·路易丝所生的孩子是拿破仑二世，拿破仑二世生在杜伊勒里宫，因染上肺结核而体弱多病，其身体状况向来不佳，1832年便在奥地利维也纳去世了，因此无缘继承帝王之位。路易·波拿巴在政变后被推举为皇帝，冠以的名号就是新拿破仑，也称拿破仑三世。他打着拿破仑家族的旗号，继承拿破仑一世的政治遗产，借以获取其支持力量，维持其合法性，为其恢复帝国的统治形式铺平道路。这一事件震惊了全欧洲，针对该事件的评论纷纷涌现，相关著作也不断出现。在《雾月十八日》中，马克思以"雾月十八日"来隐喻路易·波拿巴的登台，可谓讽刺意味浓厚，体现出他对19世纪以来法国政局起伏的回应及其背后"历史周期率"的拷问。在路易·波拿巴发动政变的第二天，即1851年12月3日，恩格斯给马克思写信，分享了他对政变的想法，在恩格斯看来："法国的历史已经进入了极其滑稽可笑的阶段。一个全世界最微不足道的人物，在和平时期，依靠心怀不满的士兵，根据到目前为止能作出的判断并没有遭到任何反抗，就演出了雾月十八日的可笑的模仿剧，还能有比这更有趣的事情吗！……世界上有哪一次政变曾发表过比这一次更荒谬的宣言呢？"①

　　总之，自 1789 年大革命以来，法国始终处在跌宕起伏的革命进程中，政治局势反复不定，民众生活动荡不安。阶级力量此起彼伏的变化引发了无数观察者的追问，也为马克思对革命活动的批判性反思提供了鲜活的历史场景与大量素材。马克思精彩地概括了法国所发生的资产阶级性质的革命，他对 1789 年和 1848 年两场革命进行比较研究后得出这样的结论："资产阶级革命，例如 18 世纪的革命，总是突飞猛进，接连不断地取得胜利；革命的戏剧效果一个胜似一个，人和事物好像是被五彩缤纷的火光所照耀，每天都充满极乐狂欢；然而这种革命为时短暂，很快就达到自己的顶点，而社会在还未学会清醒地领略其疾风暴雨时期的成果之前，长期沉溺于消沉状态。"②在《雾月十八日》中，马克思不仅对法国革命进行了深邃的洞察和分析，还将之上升到对历史规律探索的高度，以阶级斗争的视角和方法对社会变革展开了研究，深刻阐明了路易·波拿巴政变是法国阶级斗争的产物，把多样与复杂的革命历史清晰、科学地呈现在读者面前。

①《马克思恩格斯文集》第 10 卷，人民出版社 2009 年版，第 97—98 页。
②《马克思恩格斯文集》第 2 卷，人民出版社 2009 年版，第 474 页。

二、马克思对法国革命的长久研究

　　《雾月十八日》是马克思运用其自身的理论分析方法，对法国革命展开批判性研究的经典著作。从 1789 年法国大革命到路易·波拿巴政变，最终到巴黎公社起义，马克思一直保持着对法国革命及其相关的历史和政治实践的关切与重视。马克思一生曾三次在巴黎旅居，他对法兰西的民族历史和社会现实极为熟稔，对法国的政治局势和革命形势了解深刻。恩格斯在评价《雾月十八日》时感叹道："他对活生生的时事有这样卓越的理解，他在事变刚刚发生时就对事变有这样透彻的洞察，的确是无与伦比。但是要做到这一点，就需要像马克思那样深知法国历史。"①马克思完成这一作品，同他早就关注并切身体认法国革命是密不可分的。恩格斯在《雾月十八日》的 1885 年第三版序言中就曾提及，马克思对于法国已经发生过的历史有着强烈的研究兴趣，"而且还考察了法国时事的一切细节，搜集材料以备将来使用"②。作为《1848 年至 1850 年的法兰西阶级斗争》的姊妹篇，《雾月十八日》不仅是马克思对 1851 年 12 月 2 日路易·波拿巴政变这一具体事件的认识与评述，也是他对一直以来特别是 1848 年以来法国革命经验、

---

①《马克思恩格斯文集》第 2 卷，人民出版社 2009 年版，第 468 页。
②《马克思恩格斯文集》第 2 卷，人民出版社 2009 年版，第 469 页。

阶级斗争状况、社会发展的再次总结，更是他对自身思考的进一步深化。

（一）进入《莱茵报》报社之前马克思对法国革命的研究

马克思自青年时代起就深受法国大革命的熏陶，他在少年和青年时期的写作中就显露出对法国大革命的极大兴趣。马克思的成长环境和个人经历促使他很早就开始注意法国革命。马克思的出生地特里尔城在 1794—1815 年拿破仑战争期间曾被划进法国的版图，并接受法国大革命时期的原则和法律的直接指导与管理，马克思后来谈道，法国"清扫了德国的奥吉亚斯的牛圈，修筑了文明的交通大道"①。法国大革命衍生出的政治文明思想对特里尔城产生了深刻影响，大革命宣扬的自由民主和理性主义深刻影响了当地人的文化价值观。马克思的父亲亨利希·马克思便深受法国启蒙思想的影响，成为研究《拿破仑法典》的杰出专家和"十八世纪法国精神"的崇拜者。戴维·麦克莱伦曾指出，马克思"对历史一贯而专注的热情也正源于年少时的这种环境"②。马克思的早期文章和著作经常会有针对法国大革命的评述。譬如，1833 年，15 岁的马克思便

---

① 《马克思恩格斯全集》第 3 卷，人民出版社 1960 年版，第 214 页。
② [英]戴维·麦克莱伦：《马克思传》（第 4 版），王珍译，中国人民大学出版社 2016 年版，第 3 页。

初步尝试对法国的历史人物进行评价,写下诗篇《查理大帝》,在他看来,查理大帝这样的历史人物将历史打造成了一顶荣耀的桂冠,"这桂冠决不会淹没于时代的激浪"[①]。可以说,在尚未进入《莱茵报》报社的读书、学习和成长生涯中,马克思就已经呈现出对法国革命的关注与思考。

(二)在《莱茵报》报社期间马克思对法国革命的研究

自从进入《莱茵报》报社工作之后,马克思就逐渐开始形成对法国大革命的整体认识。在《莱茵报》发表的多篇文章中,马克思曾多次借法国大革命的历史作为自己观点的辅证。例如,马克思在《评普鲁士最近的书报检查令》一文中就借鉴并运用了"永恒"原则,这一原则是在法国大革命期间的《人权宣言》中所确立的。马克思将这一原则巧妙地运用到对普鲁士书报检查制度的不合理的批判中。此外,他还曾引用法国大革命时期伟大的演说家奥诺莱·加里布埃尔·米拉波的言论,指出"法国革命时最伟大的演说家米拉波的永远响亮的声音直到现在还在轰鸣"[②],借以批驳和讽刺普鲁士严格的书报检查制度。1842 年 8 月,马克思在《历史法学派的哲学宣言》一文中深刻剖析了历史法学派,并对其反动的本质给予完全揭露,对于这个学派的代表人物胡果、萨维尼等人,马克思直言

---

① 《马克思恩格斯全集》第 1 卷,人民出版社 1995 年版,第 918 页。
② 《马克思恩格斯全集》第 1 卷,人民出版社 1995 年版,第 148 页。

不讳地说道，若是把康德的哲学体系视为对法国革命精神在德国的一种理论诠释，那么，胡果的自然法理论则应当被视为"法国旧制度的德国理论"①。可以说，在《莱茵报》报社时期对德国现实问题及其本质的揭露和批判中，马克思使用的众多材料和思想都离不开他对法国大革命的考察和研究。

（三）离开《莱茵报》报社至 1848 年之前马克思对法国革命的研究

马克思离开《莱茵报》报社后，在纳黑河畔的一个名为克罗茨纳赫的普鲁士小镇度过了五个月的时光。在克罗茨纳赫小镇居住的这段日子里，马克思在历史的学海中尽情遨游，广泛涉猎了古代和现代历史学家的著作，总数达到 24 本②。他对这些著作的内容进行了深入的阅读、详细的摘抄和详尽的记录，这些被后人汇集起来的成果便是闻名遐迩的《克罗茨纳赫笔记》。这些笔记作为马克思这五个月艰苦研究的结晶，以其内容的深刻和独到体现出马克思对历史文献的缜密把握，印证了马克思在历史研究领域的积累与突破。法国历史上重要的转折点——法国大革命的内容占据了这些笔记的大量篇幅。通过对法国大革命期间历史经纬的梳理和相关细节线索的细致探

---

① 《马克思恩格斯全集》第 1 卷，人民出版社 1995 年版，第 233 页。

② 刘军：《国家起源新论 马克思国家起源理论及当代发展》，中央编译出版社 2008 年版，第 25 页。

究，马克思逐步形成了自己的历史观察和社会思考的方式，并将相关的思想理论运用到了《黑格尔法哲学批判》中。此后，马克思在《论犹太人问题》《〈黑格尔法哲学批判〉导言》《神圣家族》等论著中不乏对法国大革命的剖析和理解。如在《〈黑格尔法哲学批判〉导言》中，马克思正是通过对同法国的比较性分析，标定德国在世界历史中的方位，他指出，"可见，在法国和英国行将完结的事物，在德国现在才刚刚开始。这些国家在理论上激烈反对的、然而却又像戴着锁链一样不得不忍受的陈旧腐朽的制度，在德国却被当做美好未来的初升朝霞而受到欢迎"①。马克思还强调了英法与德国所面对的社会发展道路的迥异。他认为，"在法国和英国，问题是政治经济学，或社会对财富的统治；在德国，问题却是国民经济学，或私有财产对国民的统治"②。1844 年，马克思在《前进报》上发表了一篇文章，这是他在该报发表的处女作，题目是《评一个普鲁士人的〈普鲁士国王和社会改革〉一文》。在该文中，他再次借法国大革命批驳阿尔诺德·卢格的观点，他指出，法国大革命看似是对政治理智的展现，但其英雄们并没有能够洞察和抓取到国家原则背后隐藏的社会弊病的根源，恰恰相反，他们在某种程度上忽视了这些原则与现实之间的复杂关联及其所引发的深层次问题，他们是"在社会缺点中看出政治弊病的

---

① 《马克思恩格斯文集》第 1 卷，人民出版社 2009 年版，第 8 页。
② 《马克思恩格斯文集》第 1 卷，人民出版社 2009 年版，第 8 页。

根源"①的人。

由上述内容来看，在 1848 年之前，马克思便对法国革命进行了长期的考察，并将法国革命的研究成果和他对于法国革命的哲学思考运用到自己的理论建构中，这也为他后来系统地写作评析法国 1848 年革命的政论文章和学理著作打下了坚实的基础。

（四）马克思对 1848 年法国革命的研究及《1848 年至 1850 年的法兰西阶级斗争》

恩格斯曾指出："马克思不仅带着特别的偏好研究了法国曾经的历史，还一直紧跟法国当前的时政信息，收集了不少今后将用于写作的资料，因此他对许多事件的发生都不感到惊愕……在法国，每一次阶级冲突都会比其他地方的斗争更加激烈，直至总统颁布紧急法令，所以国内不断变化的政治模式总能勾勒出最清晰的轮廓，因为每次变革的结果都会被人归纳总结。"②自法国 1848 年革命爆发伊始，马克思就投入了极大的精力来分析这一重大历史事件，从经验总结到理论概括对这次革命进行了多维度的考察与审视。1849 年 1 月，马克思对法国的革命局势评论道："有一点是用不着怀疑的，这就是

---

① 《马克思恩格斯全集》第 3 卷，人民出版社 2002 年版，第 387 页。
② [法]雅克·阿塔利：《卡尔·马克思》，刘成富、陈钥、陈蕊译，上海人民出版社 2010 年版，第 110 页。

'正直的'共和国已经支离破碎，在它以后——当然，也许会插入几支短短的间奏曲——可能出现的只是红色共和国。"①在这一论述中，他颇具前瞻性地指出了法国出现反动政变的可能。与此同时，他还将数篇评论法国革命的文章进行编辑，分四期发表在《新莱茵报·政治经济评论》上，他个人也围绕法国革命问题创作了多篇政论性文章，如《1848 年的六月失败》《1849 年 6 月 13 日》《1849 年六月十三日事件的后果》《1850 年普选权的废除》。在马克思去世后，恩格斯将其统一整理为《1848 年至 1850 年的法兰西阶级斗争》一书。

《1848 年至 1850 年的法兰西阶级斗争》是在德国社会民主党《前进报》出版社经理理查·费舍的邀请下，由恩格斯在1895 年将马克思关于法国 1848 年革命的一组文章整理而成的作品。在这部书中，马克思对法国 1848—1850 年这一阶段的每个历史时期的革命实践展开了叙述，在此基础上从经济状况和阶级关系的维度全面而详细地记述了法兰西第二共和国的状况，概括和总结了法国革命爆发的原因、性质、过程以及影响。全书共有四部分内容，第一部分是"1848 年的六月失败"，马克思主要分析了 1848 年资产阶级"二月革命"和巴黎工人"六月起义"爆发的原因和过程，阐明了无产阶级专政的历史必然性，他指出："这个'二月革命'的代言人，按其地位和观点看来是属于资产阶级的。……资产阶级只允许无产

---

① 《马克思恩格斯全集》第 6 卷，人民出版社 1961 年版，第 250 页。

阶级进行一种篡夺，即对于斗争权的篡夺。"①第二部分是"1849 年 6 月 13 日"，在这一部分，马克思对资产阶级共和派和小资产阶级共和派崩溃的原因及机理进行了深刻剖析，将资产阶级共和国的性质揭露无遗。此时，他已经对路易·波拿巴的执政有了清晰的认识，他指出："随着盐税的恢复，波拿巴就失去了自己身上的那点革命的盐，变得淡而无味了——农民起义所拥戴的拿破仑就像一个模糊的幻影一样消散，剩下的只是一个体现着保皇派资产阶级阴谋的非常陌生的人物。而巴罗内阁把这种不明智的令人失望的蛮横步骤作为总统施政的第一步，却是不无用意的。"②第三部分是"1849 年六月十三日事件的后果"，在这一部分中，马克思主要对 6 月 13 日之后的"秩序党"分裂以及其与路易·波拿巴的权力斗争进行了具体分析，指出"秩序党各个集团之间的冲突，国民议会与波拿巴之间的冲突，还是照样继续着"③。马克思运用阶级分析的方法论述了法国的阶级斗争状况，并提出了无产阶级领导权和工农联盟的思想，强调"革命是历史的火车头"④。第四部分是"1850 年普选权的废除"，马克思不仅将资产阶级普选权的本质完全揭露出来，而且阐发了无产阶级革命的条件，他指出，在资产阶级社会处于繁荣发展、生产力快速更迭换代的阶

①《马克思恩格斯文集》第 2 卷，人民出版社 2009 年版，第 85 页。
②《马克思恩格斯文集》第 2 卷，人民出版社 2009 年版，第 120—121 页。
③《马克思恩格斯文集》第 2 卷，人民出版社 2009 年版，第 163 页。
④《马克思恩格斯文集》第 2 卷，人民出版社 2009 年版，第 161 页。

段，资产阶级关系尚能为生产力蓬勃发展提供空间，尚能容纳生产力的跳跃式进步，在这一背景下，繁荣可能会延缓革命的到来，真正的革命并不容易发生。革命往往发生在现代生产力与资产阶级生产方式矛盾激化之时，即只有当生产力与生产关系存在严重冲突时，真正的革命才可能到来。他认为，法国秩序党内争吵不休的各个集团的代表，虽然能使对方丢丑，但是无法导致新的革命，"新的革命，只有在新的危机之后才可能发生。但新的革命正如新的危机一样肯定会来临"①。总体而言，马克思不仅陈述了 1848—1850 年法国革命的实践，而且已经进行了相当深入的理论探索，并尝试运用构建的历史唯物主义和阶级分析的方法，从经济状况入手对法国革命进行科学的理论审视。恩格斯称这部著作为马克思的开创性尝试，是马克思"初次尝试"②运用其唯物主义观点，从特定的经济状况视角出发，对一段现代历史进行阐释。

综上所述，《雾月十八日》的写作并不是临时起意或突发奇想，而是马克思基于长期以来对法国革命的研究和思考，将其所发现的科学方法，即唯物史观和阶级斗争学说，有机地运用到对路易·波拿巴政变这一影响法国历史的具体事件的分析中。这一作品凝结了法国革命对马克思思想的浸润与滋养，也体现了马克思自少年时代以来对法国革命的关注和思考。该

---

①《马克思恩格斯文集》第 2 卷，人民出版社 2009 年版，第 176 页。
②《马克思恩格斯文集》第 4 卷，人民出版社 2009 年版，第 532 页。

著作既是对马克思所构建的历史唯物主义基本原理的活的运用，也是他对这一新的世界观和方法论的进一步丰富和发展。可以说，《雾月十八日》开拓了唯物史观的新视域。

三、革命挚友魏德迈的诚挚邀约

马克思创作《雾月十八日》的直接原因，便是受到革命挚友魏德迈的诚挚邀约。魏德迈是德国和美国工人运动的杰出活动家，也是无产阶级新闻事业的杰出战士。他与马克思、恩格斯的关系极为亲密，他们既是朋友，也是战友，是革命道路上的同行者。当时的马克思身患重病，且家庭生活也处在极度困难之中。正是来自魏德迈的邀请，使他毅然决然地放下手头的事情，以顽强的意志着手开始写作，为魏德迈计划创办的刊物提供相应的稿件，也由此留有了这部经典之作。马克思曾在《雾月十八日》1869 年第二版序言中，特别谈起自己写作的缘起："我的早逝的朋友约瑟夫·魏德迈曾打算从 1852 年 1月 1 日起在纽约出版一个政治周刊。他曾请求我给这个刊物写政变的历史。"[1]据马克思本人回忆，为了按期答复魏德迈的请求，他从当年 2 月中旬一直坚持每周写作，可以说，《雾月十八日》的问世，离不开马克思应好友之邀和魏德迈排除万难的共同合力。这一著作的完成承载了无产阶级革命的友谊，凝聚

---

①《马克思恩格斯文集》第 2 卷，人民出版社 2009 年版，第 465 页。

了两位无产阶级解放事业战士的心血。

（一）马克思与魏德迈情谊的建立

1818 年 2 月，魏德迈出生在威斯特伐利亚省闵斯德的一个普鲁士官吏家庭，他曾当过军官，做过新闻工作者和土地测量员①。作为马克思、恩格斯最初的一批忠实战友，他和马克思一样将自己的一生奉献给了无产阶级解放事业。魏德迈同马克思的情谊始于布鲁塞尔的初次见面。1845 年初，马克思被驱逐出巴黎，辗转来到布鲁塞尔。在布鲁塞尔，时任法兰克福民主报纸《新德意志报》编辑的魏德迈首次拜访了马克思一家，并在马克思的家里暂住了一段时间。魏德迈在回忆录中曾这样记述道：在 1846 年初的一次旅行中，"我们疯一样地玩，马克思、魏特林、马克思的妻弟和我深夜打牌，魏特林第一个困了。马克思和我在沙发上消磨了几个小时。第二天，我们和他的妻子与妻弟一起，用想象中的最愉快的方式四处漫步。清晨我们到了一家咖啡店，接着我们乘火车到达附近的威勒沃尔德村庄，在那里吃了午饭。我们尽情玩耍之后，乘最后一班火车回来"②。1845 年 11 月，马克思还曾一度考虑同恩格斯、魏德迈等一起创作一部作品，借此清算现代德国哲学和

---

① [德]海因里希·格姆科夫等：《马克思传》，易廷镇、侯焕良译，人民出版社 2000 年版，第 81 页。

② [英]戴维·麦克莱伦：《卡尔·马克思传》（第 3 版），王珍译，中国人民大学出版社 2005 年版，第 132 页。

德国社会主义。在马克思看来，现代德国哲学的代表人物是费尔巴哈、鲍威尔和施蒂纳，而德国社会主义的代表则是"各式各样的预言家"①。1846 年，《德意志意识形态》书稿由魏德迈带到德国，之后，魏德迈多次通过书信同马克思交流《德意志意识形态》经销问题。1847 年 6 月，共产主义者同盟在伦敦正式成立，魏德迈担任同盟在法兰克福的区部领导人。在布鲁塞尔生活的第三年，马克思收到了当局的驱逐令，燕妮被迫带着三个孩子取道回到家乡，魏德迈和夫人热诚地招待了燕妮。1849 年 7 月，马克思一家在巴黎团聚。在巴黎寓居期间，全家已没有任何生活费用，马克思致信魏德迈寻求帮助："告诉你，如果我得不到任何方面的援助，我就完了，因为我全家都在这里，而且我妻子的最后一件首饰也已经送到当铺里去了。"②此后，尽管马克思与魏德迈分处异地，但二人始终保持着紧密的通信联系。

（二）魏德迈流亡美国与创办《革命》刊物

19 世纪三四十年代，德国众多的工人革命者因政治压迫而被迫背井离乡，前往英法或美国避难，魏德迈便是这成千上万的德国流亡者之一。1851 年 11 月 7 日，历经 30 多天的晕船之苦，魏德迈一家在纽约港登陆上岸。1851 年 12 月 1 日，

---

①《马克思恩格斯全集》第 4 卷，人民出版社 1958 年版，第 43 页。
②《马克思恩格斯全集》第 48 卷，人民出版社 2007 年版，第 78 页。

魏德迈给恩格斯写信，表达了自己在美国生活的不如意以及对美国资本主义文化的厌恶："新大陆并不欢迎我，因为我们一到达，我的大孩子立刻就病倒了，感冒发烧转成了脑炎。多日来我们大家都为他的生命担忧。寻找住处和打听情况，耗费了我其余的全部时间。一周前，我终于住进自己简陋的小屋。我绝非由于向往美国而到这里来，而且必须承认，到目前为止还没有发现任何能使我对这个国家产生丝毫好感的东西。看来，小商人唯利是图的劣根性再没有任何地方表现得如此赤裸裸令人厌恶了。在这里，除了赚钱，任何别的生活目的都被认为是荒唐可笑的，这一点不仅从每一个人的脸上，而且从每块砖头上都可以觉察到……"①马克思在 1851 年 10 月 16 日和 10 月 31 日曾给魏德迈写过两封信，这两封信比魏德迈更早到达纽约。这时，马克思已经同意为《纽约每日论坛报》撰稿，他在信中让魏德迈尽快用德文和英文出版《共产党宣言》。但是，魏德迈此时基本不可能在美国得到德文报刊的编辑职务。虽然威廉·沃尔弗先前曾向赖希·黑尔姆推荐过魏德迈，但赖希·黑尔姆此时已经辞去《纽约州报》报社的职务，仅答应从物质上支援魏德迈创办报纸。魏德迈考虑从 1852 年 1 月起出版《革命》周刊，1851 年 12 月 1 日，魏德迈给恩格斯写信讲道："马克思建议出版小册子一事，目前必须推迟，以便给周刊让位，因为周刊无论如何能更好地为我们的事业服务。赖希

---

① 时鉴：《国际共运风云人物录》，中国文史出版社 2004 年版，第 186 页。

黑尔姆决定花几百美元冒一下险，但是不言而喻，条件是您答应给我援助。这种援助指的是您随最近一班轮船把文章寄来，特别是您和马克思的文章，因为你们的名字在这里是人人皆知的。"魏德迈同时强调，周刊必须完成这项重要任务。"这里指的首先是必须对欧洲革命发展问题加以澄清……在第一期的序言中，我想概述一下阶级斗争。应该有个良好的开端，决不应该认为，这里大家什么都知道。在这个国家里，局限性要比在亲爱的祖国大二十倍……一周时局短评将经常包括来自欧洲的消息……"①为此，魏德迈邀请马克思和其他朋友尽快寄去文章。

（三）魏德迈的诚挚邀约与马克思的积极回应

在国际共产主义运动的历史上，"马克思的一生，是为推翻旧世界、建立新世界而不息战斗的一生"②。马克思为了改变劳动人民的命运，使之不再遭受剥削和压迫，亲自投身工人运动中，他不惧危险，英勇战斗，在思想与实践革命中始终冲锋在前。无论是实质性地参与工人运动，还是撰写相关的著作、建构科学的理论，马克思都始终保持乐观积极的态度和顽强不屈的品质。在接到魏德迈的邀约后，马克思随即开始动笔

---

① [德]卡尔·欧伯曼：《约瑟夫·魏德迈传（1818—1866）》，天津师范学院外语系《约瑟夫·魏德迈传》翻译小组译，人民出版社 1980 年版，第 175—178 页。

② 习近平：《在纪念马克思诞辰 200 周年大会上的讲话》，人民出版社 2018 年版，第 5 页。

撰写文章。1851 年 12 月 3 日，恩格斯在给马克思的信中明确表达了希望马克思写作一篇关于法国政变的文章并在北美出版的想法："法国的消息对欧洲的那群流亡者所产生的影响必定是很有趣的，但愿能看到这一点。"①但是，当时的马克思正处于家庭经济困难和个人身体疾病缠身的多重压力之下。1850 年 5 月 20 日，马克思的妻子燕妮给魏德迈去信，在信中，她详细描述了一家人一天的生活窘境，谈到由于乳母的费用太高，她必须不顾身体的痛苦独自给孩子喂奶，但是孩子总是身体不好，体弱多病，患了惊厥，在生死线挣扎。此外，他们还因为付不起房租，只得和四个孩子忍受严寒和阴雨。马克思四处寻觅住处，却没人愿意收留他们。她最后直白地写道："情况迫使我拿起笔来写这封信，请您把已经或者将要收到的《评论》的钱尽快寄给我们。我们非常非常需要这笔钱。……我的丈夫在这里被种种生活琐事压得几乎喘不过气来，而且这一切是如此令人苦恼……"②1852 年 1 月 9 日，燕妮再次给魏德迈写信，向他告知马克思的近况："我的丈夫一周来病得很重，几乎一直躺在床上。"但她也强调，尽管困难重重，但她的丈夫马克思依然坚持《雾月十八日》的写作，"尽管如此，他仍然能够完成信中附上的他的文章的续篇，以使文章的发表不致间断"③。

① 《马克思恩格斯全集》第 48 卷，人民出版社 2007 年版，第 449 页。
② 《马克思恩格斯全集》第 48 卷，人民出版社 2007 年版，第 477—478 页。
③ 《马克思恩格斯全集》第 28 卷，人民出版社 2016 年版，第 640 页。

1852 年 1 月 1 日，马克思写信告诉魏德迈，他已经将《雾月十八日》的第一章寄出了。此后，各章便接二连三地寄往纽约。1852 年 3 月 5 日，马克思再次给魏德迈写信，在信中，马克思同魏德迈分享了他写作《雾月十八日》的进度："上星期五寄出的那封信里附有我的文章的第五节，那是写得很详细的。第六节，同时也是最后一节，这个星期我没能写完。"此外，马克思还表达了对魏德迈的歉意，希望不要因自己的延误而对魏德迈的工作造成困扰，他说："如果你的报纸又出版了，那是由于你掌握了丰富的材料，不致于因为我的拖延而误事。"①马克思不仅亲自为魏德迈的刊物提供稿件，还邀请其他人为魏德迈的刊物供稿，"随信附上匈牙利通讯的最后一部分。如果你的报纸还在出版，你应当尽力利用其中的某些东西，何况匈牙利前首相瑟美列已经从巴黎答应我给你写一篇亲笔签名的详细文章"②。同时，马克思还积极地帮助魏德迈扩大其主办的刊物在欧洲的影响，"如果你的报纸已经出版，就请多寄几份来，以便把它们更广泛地传播出去"③。

马克思写作《雾月十八日》的篇幅远远超过一篇政论文的体量。在写作过程中，马克思不断对内容进行扩充，最后的成稿由最初计划的三篇扩展到七篇，他先后分几次将文稿寄给

①《马克思恩格斯书信选集》，人民出版社 1962 年版，第 60 页。
②《马克思恩格斯书信选集》，人民出版社 1962 年版，第 63 页。
③《马克思恩格斯书信选集》，人民出版社 1962 年版，第 63—64 页。

远在纽约的魏德迈。1852 年 3 月 25 日，马克思告诉魏德迈，他手稿的最后一章已经寄往纽约，至此，全部手稿都已寄出。马克思全力为魏德迈的刊物撰稿，一部题名为《雾月十八日》的著作由此诞生了①。

这一作品原本准备连载在魏德迈创办的《革命》周刊上，该刊物是魏德迈流亡美国后创办的德文周刊。遗憾的是，由于经济困难，该刊物在 1852 年 1 月仅仅出版两期后就被迫停刊。最终，魏德迈决定以单行本的方式将《雾月十八日》这部作品出版。在出版前，《雾月十八日》面临印刷费用严重短缺的考验，幸好在此期间得到一位旅居美国的德国工人的资助。魏德迈在 1852 年 4 月 9 日给马克思的信中说到："出版这本小册子所面临的困难，终于因得到意料之外的帮助而克服了。在我上一次的信发出以后，我遇到了我们法兰克福的一个工人，他是一个裁缝，今年夏天刚刚来到这儿。他把自己节省下来的四十美元全部交给了我，供我使用。"②在出版时，书名并没有使用《雾月十八日》这个名字，因为魏德迈在扉页和前言中误将标题中的"波拿巴"（Bonaparte）写成了"拿破仑"（Napoleon）③，所以初版采用的是魏德迈误写的名字——《路

① 张光明、罗传芳：《马克思传》，天地出版社 2018 年版，第 170 页。
② [德]海因里希·格姆科夫等：《马克思传》，易廷镇、侯焕良译，人民出版社 2000 年版，第 176 页。
③ 卞伟伟：《〈路易·波拿巴的雾月十八日〉英文版德里昂译本考》，辽宁人民出版社 2022 年版，第 2 页。

易·拿破仑的雾月十八日》。魏德迈还为其写了短评，高度赞誉了这部作品，他指出，无论是见解的创新独到，还是研究结果的全面深刻，抑或是语言风格的独具特色，马克思都远超一般的政治家，"甚至他的敌手也不得不佩服他"①。

————
　　① [德]费兰茨·梅林：《马克思传》，罗稷南译，人民出版社 1956 年版，第 102 页。

第二章 《路易·波拿巴的雾月十八日》的
出版情况

1852 年春季，马克思的《雾月十八日》发表在约瑟夫·魏德迈所创编的《革命》周刊第 1 期上，这也是《雾月十八日》的首次出版。受限于当时的社会环境和历史条件，在纽约首印的这 1000 册刊物的出版和传播情况并不乐观，历经了"不合时宜"①的遭遇。直至 1869 年初，马克思决定再次出版《雾月十八日》，并亲自为其作序。再版的历程同样是艰辛的，几经寻找出版人后，才在同年 7 月于汉堡再版了德文版《雾月十八日》。1885 年，《雾月十八日》在汉堡再次进行校对出版，并由恩格斯亲自为其作序。

在《雾月十八日》中，马克思第一次系统运用唯物史观分析历史事件，不仅对法国 1848 年到 1851 年发生的历史事件进行了详细评述，更重要的是，他从特殊的历史事件中挖掘出社会发展的动力，从而总结出历史的普遍规律。历史就是在偶然性与必然性的相互作用下不断发展的，需要真正回到具体的

---

① 《马克思恩格斯文集》第 2 卷，人民出版社 2009 年版，第 465 页。

情境中考察历史。《雾月十八日》也成为马克思继《共产党宣言》和《1848 年至 1850 年的法兰西阶级斗争》之后，在科学社会主义发展史上的又"一部天才的著作"①。时至今日，《雾月十八日》已经问世 170 多年，其在全世界范围内得到了广泛传播，经久不衰。在社会主义的中国，《雾月十八日》更是成为自马克思主义传入以来的经典作品之一，对中国共产党和中国社会产生了不可磨灭的影响。

一、文本的创作与最早的版本

自 19 世纪三四十年代欧洲三大工人运动爆发之后，欧洲各国现实的社会革命情况就愈发牵动着马克思和恩格斯的心弦。1848 年，欧洲革命风起云涌，法国作为革命的中心区域之一，迅速获得了马克思的重点关注，他在《新莱茵报·政治经济评论》上发表了许多与法国革命相关的报道，并在这一过程中逐渐形成了他对于当时法国革命形势的系统观点。也正是因为马克思长期以来的关注并且对法国历史的熟知，才使他能够在路易·波拿巴的政变发生之后，很快依据历史材料"对事变有这样透彻的洞察"②。在完成了《1848 年至 1850 年的法兰西阶级斗争》后，马克思延续其创作思路，在新的事变发生

---

①《马克思恩格斯文集》第 2 卷，人民出版社 2009 年版，第 468 页。
②《马克思恩格斯文集》第 2 卷，人民出版社 2009 年版，第 468 页。

后，根据新的斗争经验从理论上对法国革命的经验教训进行更为深刻的总结，从而创作了《雾月十八日》。

关于当时法国政治局势的材料信息，除了英法两国的书刊和官方资料外，其一手资料的很重要的来源渠道之一便是亨利希·海涅。路易·波拿巴政变发生一星期后，马克思便收到了这位被称为"德国古典文学的最后一位代表"的海涅寄来的资料。出身德国的海涅从童年起便深受法国资产阶级革命思想的影响，早年以创作诗歌为业，1830 年革命后流亡巴黎并逐步转入政治抗争活动，成为民主革命运动的领导人。1843 年海涅与马克思认识以后，两人迅速成为忘年交，海涅的诗歌创作也达到了最高峰，作品风格愈发偏向批判现实主义，在政治上更加接近科学社会主义。即使海涅在革命问题上因其脆弱敏感的性格始终存在不坚定性，但两人之间的深厚友谊让他们不论在诗歌创作上还是政事评论上都始终保持着交流互动。因此，事变发生后，马克思从海涅的秘书莱因哈特处获得了众多翔实的法国政治局势报告，这些资料成为马克思撰写《雾月十八日》的重要原始信息来源。大量直观感性材料的运用是马克思进行评论分析的逻辑起点，而马克思个人的优秀理论思维是将碎片化史料串联起来的必要条件。马克思用生动诙谐的叙述方式和逻辑严谨的论证手段将冗杂的材料整合起来，从而详细描绘了路易·波拿巴政变这一具体历史事件的原貌。但马克思关注的重点并不是法国革命的历史过程，而是法国革命发生的历史根基与内在必然，从而探究和揭示历史规律。

文本的最初创作，实际上是为了回应老朋友约瑟夫·魏德迈的邀约。在事变爆发的次日，马克思就收到了恩格斯的来信。在信中，恩格斯对 1851 年 12 月 2 日于法国发生的路易·波拿巴领导的反革命政变进行了一系列分析，并表达了他的观点。12 月 16 日，恩格斯再次来信，转告马克思，魏德迈正在纽约筹办一份名为《革命》的政治周刊，邀请马克思撰稿对法国的局势进行评论。而后，马克思在确定《革命》可以出版后，便于 12 月底着手开启了对《雾月十八日》的创作，并且随着其对法国局势掌握得逐渐清晰，由原本计划的三章扩充到了七章。1852 年 1 月 1 日，马克思将写好的第一章寄给魏德迈，随后，在 1 月 8 日、1 月 30 日、2 月 13 日、2 月 27 日、3 月 5 日、3 月 25 日分别将第二章至第七章寄给魏德迈①。

　　《革命》刊物最初由魏德迈在美国纽约创办，作为一种非定期刊物进行发行。该刊物于 1852 年 1 月首次出版，其中便转载了马克思和恩格斯于 1850 年在《新莱茵报·政治经济评论》上发表的《国际述评（三）》的节选内容。然而，由于资金短缺，魏德迈无法继续支持刊物的运营，因此《革命》在发行两期后不得不暂停。停刊后逐渐收到《雾月十八日》全稿的魏德迈，于 4 月 16 日给马克思回信说明了其资金短缺的现状。但魏德迈并未放弃继续出版的计划，一直在寻求解决资金

---

　　① 李佩龙、左德友、赵晶汶：《〈路易·波拿巴的雾月十八日〉的写作、出版和传播》，《宁夏大学学报（人文社会科学版）》1983 年第 1 期。

问题的办法，直至 5 月 20 日，在阿·克路斯的资金支持下，《革命》才得以以非定期刊物的形式重新发行。《雾月十八日》作为单行本，在纽约出版成为该刊物复刊后的首期，也是唯一一期。1852 年 6 月 2 日，马克思收到了《雾月十八日》的译本。

　　《雾月十八日》在某种程度上是《共产党宣言》核心观点的深化与扩展，特别是在无产阶级专政问题的表述上。马克思首次提出"无产阶级专政"的概念，他在 1852 年写给魏德迈的信中，即在寄送第六章文稿的信中对其进行了较为详细的说明。19 世纪 50 年代前后，法国工人阶级的思想受到许多不同的社会主义思潮的影响，如强调"互助主义"和"工人自我管理"的蒲鲁东主义，试图依赖于少数人"密谋"领导武装起义的布朗基主义，以及巴枯宁的无政府主义，等等。然而，这些思想虽然在当时广为传播，却并不利于真正的社会主义理论的发展传播，它们在现实的革命实践中也难以取得实质性的成果，难以解决资本主义社会的深层次问题，也未能为工人阶级的解放提供系统的理论指导。在这一背景下，马克思深刻分析了 1848 年"二月革命"到 1851 年 12 月 2 日路易·波拿巴发动政变之间的历史进程，试图揭示当时法国政治局势中的复杂关系以及本质问题。马克思深入分析了资产阶级在这一过程中是如何逐渐丧失对权力的控制，最终导致行政权超越立法权，并推动资产阶级国家的政治结构发生变化，最后一步步从共和制走向帝制的。马克思这种从历史具体事实出发的分析方式，结合了历史发展的客观进程与历史人物的主观能动性，不仅突破了唯心史观的局限，也进一步丰富了历史唯物主义理论，并为无产阶级革命提供了更加明确和科学的指导思想。正如他自己所言，《雾月十八日》的最后一章是要说明"法国革命的下一次尝试不应该再像以前那样把官僚军事机器从一些人的手里转到另一些人的手里，而应该把它打碎，这正是大陆上任何一次真正的人民革命的先决条件"[1]。

二、马克思、恩格斯的两次作序

《雾月十八日》第一版在纽约出版后，由于当时凑集的资金只够印刷 1000 册，因此传入欧洲的数量并不多，在德国也始终"没有在真正的书籍市场上出售过"[2]。当时，《雾月十八日》更多地被看作一本分析法国政治局势的政治论著，而没有人关注到其背后揭示的重大理论意义。保尔·拉法格对此认为，马克思的"《雾月十八日》完全无人注意，这部著作证明 1848 年所有的历史学家和政论家，只有马克思一个人才了解 1851 年 12 月 2 日那次政变的原因和结果。虽然这本书是谈论当前的重大问题，但却没有一家资产阶级的报纸提到过它"[3]。早在文稿出版之初，马克思便想让其在德国出版，但

---

[1] 《马克思恩格斯文集》第 10 卷，人民出版社 2009 年版，第 352 页。
[2] 《马克思恩格斯文集》第 2 卷，人民出版社 2009 年版，第 465 页。
[3] 中共中央马克思恩格斯列宁斯大林著作编译局：《回忆马克思》，人民出版社 2005 年版，第 202 页。

一切尝试在当时都没能实现，而由于文稿对路易·波拿巴的辛辣讽刺，也让该书难以在法国印刷出版。于是，马克思在1852年9月以后希望用英文出版《雾月十八日》，他首先找共产主义者同盟成员皮佩尔帮忙翻译《雾月十八日》，同年10月《雾月十八日》艰难出版，但一直难以销售，马克思又找到琼斯，希望他翻译并在其主办的《人民报》上刊登，但后续也始终未能实现，所以《雾月十八日》在英国同样没能得到广泛传播。可以说，与同时期其他评论法国政治局势事件的书籍相比，马克思的《雾月十八日》在当时并没能在社会上引起多大的关注。但历史的发展始终如大浪淘沙，作为验证马克思唯物史观的典型范例，《雾月十八日》在众多马克思主义者中仍旧产生了重要影响，随着时代的发展便逐渐有了再版的需求。

（一）马克思 1869 年版序言

1869 年，俾斯麦策划发动普法战争并试图模仿路易·波拿巴发动政变，加之"书籍市场上的需求"①和"德国的朋友们的催促"②，在这样的历史条件下，马克思决定再版《雾月十八日》。他不仅希望能够揭示德国国家制度的缺陷，以此打击当时的政治体制，更重要的是，他希望警醒德国人民，揭露俾斯麦反动政府的真面目，防止历史悲剧的重演。于是，马克

---

① 《马克思恩格斯文集》第 2 卷，人民出版社 2009 年版，第 465 页。
② 《马克思恩格斯文集》第 2 卷，人民出版社 2009 年版，第 465 页。

思在重新审定原文时，为了不使该书"失掉自己的特色"①，只修改了错印字和删除已过时的不好理解的暗语，并对章节内容进行了适当缩减。从 1869 年初开始，马克思便在为再版《雾月十八日》而奔走，直至同年 7 月 20 日其德文版才在汉堡出版。然而，这次出版之后，德国资产阶级报刊依然对此表示沉默，从而使得这本书的传播仍旧受到一定的限制。

《雾月十八日》再版时，马克思亲自为第二版作序。这篇序言作为《雾月十八日》的重要组成部分，具有超高的理论价值。在序言中，马克思谈论了写作的原因，比较了《雾月十八日》与同时期其他相关研究的区别，从而阐释了他自己独特的研究方法。

首先，马克思开宗明义地介绍了《雾月十八日》创作和再版的缘由。他提到，最初这部政论作品的创作是因为他已故的朋友约瑟夫·魏德迈的邀请。魏德迈曾计划在 1852 年初于纽约出版一份政治周刊，并希望马克思能够为该刊撰写关于法国革命政变的历史文章。于是，马克思开始了系统的分析和撰写工作。然而，撰写完成后，"当我向一个行为极端激进的德国书商建议销售这种刊物时，他带着真正的道义上的恐惧拒绝了这种'不合时宜的要求'"②。所以，虽然马克思应朋友之约也迫于形势压力而创作了该书，但因为历史原因，这部书没

---

① 《马克思恩格斯文集》第 2 卷，人民出版社 2009 年版，第 466 页。
② 《马克思恩格斯文集》第 2 卷，人民出版社 2009 年版，第 465 页。

能真正在市场流通。直到 1869 年，德国已然失去革命的迫切性后，该书的市场需要才逐步显现。

其次，马克思在与雨果的《小拿破仑》和蒲鲁东的《从十二月二日政变看社会革命》的对比中，提出了自己研究的特点与创作的宗旨，即证明"法国阶级斗争怎样造成了一种局势和条件，使得一个平庸而可笑的人物有可能扮演了英雄的角色"①。马克思在这里从人与环境的关系出发，指出雨果过分强调个人主动性，而蒲鲁东则过分强调历史客观性，两人都是依据历史唯心主义的观点进行论述的，都没能从人与环境的合理互动中研究历史事实、找寻真正的历史规律。现实的个人创造了历史，但他们并非完全自由、随心所欲地塑造历史，而是在既定的、从过去继承下来的条件中进行创造的，这些条件并非个人自主选择的，而是他们在实际生活中必须面对的。早在《关于费尔巴哈的提纲》第三条中，马克思就强调，只有当环境的变革与人的活动或自我改造相契合时，这种一致性才能被视为革命实践，并且只有在这种背景下，它才是合理且值得理解的。因此，综合历史客观过程和个别人物的主观因素，即对法国阶级斗争环境进行具体分析以及对路易·波拿巴个人进行真实全面分析，并且必须将两者结合起来综合考察，这才是以唯物史观为指导，正确分析历史事变从而得到正确的研究结果的途径。这也是他能成功发挥"历史科学"的预测功能的前提

① 《马克思恩格斯文集》第 2 卷，人民出版社 2009 年版，第 466 页。

条件，即"我这部著作的结束语：'但是，如果黄袍终于落在路易·波拿巴身上，那么拿破仑的铜像就将从旺多姆圆柱顶上倒塌下来。'——这句话已经实现了"①。

最后，马克思进一步强调了历史的具体的原则，批评了"德国流行的所谓凯撒主义的书生用语"②，说明了凯撒主义实际上就是个人英雄主义，是一种唯心史观。在进行历史对比时，需要遵循实践唯物主义的历史原则和具体性原则，"古代阶级斗争同现代阶级斗争在物质经济条件方面存在这样的根本区别"③，古罗马的阶级斗争不仅表现为奴隶与奴隶主的斗争，而且表现为平民与贵族的斗争，无产者是因为两极分化严重而出现的，是需要由社会通过奴隶劳动来养活的，而现代无产阶级则是劳动者，他们的劳动则成为整个社会得以存在的物质基础。因此，对拿破仑与凯撒的比较不能只去寻找表面的相似性或不同，而必须在具体的历史环境中进行分析。凯撒上台是由于受到当时罗马的无产者的支持，而拿破仑之所以上台，则是因为他代表了资产阶级的利益，是为了"解除桎梏和建立现代资产阶级社会。……为的是要给法国资产阶级社会在欧洲大陆上创造一个符合时代要求的适当环境"④，所以两者不能混为一谈。

---

① 《马克思恩格斯文集》第 2 卷，人民出版社 2009 年版，第 466 页。
② 《马克思恩格斯文集》第 2 卷，人民出版社 2009 年版，第 466 页。
③ 《马克思恩格斯文集》第 2 卷，人民出版社 2009 年版，第 467 页。
④ 《马克思恩格斯文集》第 2 卷，人民出版社 2009 年版，第 471 页。

（二）恩格斯 1885 年版序言

19 世纪末，《雾月十八日》受到越来越多马克思主义者的重视并得到传播。马克思逝世后，1885 年，在恩格斯的再次校对后，《雾月十八日》于汉堡出版了第三版，仅对第二版做了少量修辞上的改动。同年，恩格斯还审阅了法文版的《雾月十八日》，并最终在 6 年后的 1891 年才在法国工人党机关报《社会主义者报》上出版。法文版是由法国的社会主义者爱·福尔坦翻译的，自第一版发行 40 年后，这一分析法国局势的文本才终于在法国这片土地上得以流行。除此之外，1889 年波兰文版出版，1894 年俄文版出版，1897 年英文版出版，自此，《雾月十八日》的传播影响力大幅提升，如李卜克内西、葛兰西等马克思主义者掀起了对《雾月十八日》中阶级、国家、政权等观点的广泛研究的热潮。

恩格斯在 1885 年为第三版写的序言，在不同语言的版本出版中大多也进行了保留。在这篇序言中，恩格斯回顾了路易·波拿巴政变发生后马克思与其他人对这场政变看法的区别，并对这部著作给予了高度评价，指出马克思之所以能创作出如此杰出的著作，就在于他本人深邃的观察以及掌握了正确的研究方法。

恩格斯在序言的开篇便高度评价了《雾月十八日》的历史地位，指出《雾月十八日》在诞生 33 年后仍值得印刷，认为"这部著作就是在今天也还丝毫没有失去自己的价值"①。这部"天才的著作"②在事件发生后的极短的时间内，就清晰明了地"叙述了二月事变以来法国历史的全部进程的内在联系，揭示了 12 月 2 日的奇迹就是这种联系的自然和必然的结果"③。此处的"二月事变"指的是 1848 年法国"二月革命"，"12 月 2 日的奇迹"则是指路易·波拿巴的政变，这就说明马克思在当时对法国历史的认识就已经达到历史规律性的高度，所以"后来每一次新的揭露，都只是提供出新的证据，证明这幅图画是多么忠实地反映了实际"④。

随后，恩格斯分析指出，马克思能取得这样"无与伦比"的成果的原因有两个。一是需要"深知法国历史"⑤。纵观法国多年来历史上的阶级斗争情况，和欧洲各国相比，法国每次都以更加彻底的方式解决政治变动，阶级斗争所引发的政治形式变化及结果在法国展现得尤为鲜明。中世纪时期，法国是典型的等级君主制国家，是封建制度表现得最为明显的地区之一；法国大革命的爆发，又体现出法国是资产阶级革命最彻底的地方，其建立起来的资产阶级民主共和国同样是最为典型的；而"正在上升的无产阶级反对占统治地位的资产阶级的斗争，在

①《马克思恩格斯文集》第 2 卷，人民出版社 2009 年版，第 468 页。
②《马克思恩格斯文集》第 2 卷，人民出版社 2009 年版，第 468 页。
③《马克思恩格斯文集》第 2 卷，人民出版社 2009 年版，第 468 页。
④《马克思恩格斯文集》第 2 卷，人民出版社 2009 年版，第 468 页。
⑤《马克思恩格斯文集》第 2 卷，人民出版社 2009 年版，第 468 页。

这里也以其他各国所没有的尖锐形式表现出来"①，法国的无产阶级在每次革命中都站到了前列，这为世界各国无产阶级树立了榜样。因此，马克思对于法国的政治斗争一直都保有深刻的关注，热衷于研究法国发生的一切历史细节，收集资料以满足研究需要。二是因为马克思掌握了唯物史观这一理论武器，"发现了重大的历史运动规律"②。恩格斯认为，真正高水平的研究除了要对研究对象有深入的理解之外，必不可少的重要条件就是掌握适宜的分析工具，如此才能把握细节背后的脉络。这个理论分析工具，揭示的是"一切历史上的斗争，无论是在政治、宗教、哲学的领域中进行的，还是在其他意识形态领域中进行的，实际上只是或多或少明显地表现了各社会阶级的斗争，而这些阶级的存在以及它们之间的冲突，又为它们的经济状况的发展程度、它们的生产的性质和方式以及由生产所决定的交换的性质和方式所制约"③。掌握了这一方法，才能找到"马克思用以理解法兰西第二共和国历史的钥匙"④，才不会如过去许多历史研究者所犯的错误那样简单地套公式而忽视历史中的实际情况。与此同时，马克思的论著也正是证明和检验了唯物史观这一规律和方法的正确性。

---

① 《马克思恩格斯文集》第 2 卷，人民出版社 2009 年版，第 469 页。
② 《马克思恩格斯文集》第 2 卷，人民出版社 2009 年版，第 469 页。
③ 《马克思恩格斯文集》第 2 卷，人民出版社 2009 年版，第 469 页。
④ 《马克思恩格斯文集》第 2 卷，人民出版社 2009 年版，第 469 页。

三、《雾月十八日》在中国的传播与影响

《雾月十八日》在中国最早的相关译文出现在 1919 年 12 月，即胡汉民在《建设》刊物上发表的《唯物史观批评之批评》一文。虽然《建设》是一本由国民党主办的理论刊物，但该文的发表标志着唯物史观在中国的初步传播，为其在中国的广泛传播打下了基础①。1920 年 3 月，邓中夏等 19 位进步青年在李大钊的指导下成立了"北京大学马克思学说研究会"，当时马克思主义原著和相关书籍十分稀缺，为此研究会专门设立了一个图书室，开始收集和保存马克思主义经典著作，以便为广大学生和知识分子提供学习资源。"据 1922 年 2 月 6 日《北京大学日刊》所载《马克思学说研究会通告》提供的资料"②，该研究会已成功搜集了 40 余种英文书籍和 20 余种中文书籍，涵盖了大量马克思主义经典，其中便包括《雾月十八日》的英文版。这一系列举措，不仅推动了马克思主义经典著作早期在中国的传播，也为马克思主义的中国化研究提供了最初的宝贵资源。

在第二次国内革命战争时期，中国共产党为了进一步宣传马克思列宁主义，采用一切方式公开或秘密地进行马克思列

---

① 白云真：《马克思〈路易·波拿巴的雾月十八日〉研究读本》，中央编译出版社 2013 年版，第 55 页。

② 中共中央马克思恩格斯列宁斯大林著作编译局马恩室：《马克思恩格斯著作在中国的传播》，人民出版社 1983 年版，第 252 页。

宁主义经典著作的翻译和出版工作。这一时期马克思主义著作的出版条件是十分艰苦的，在国民党的反动统治下，马克思列宁主义的系列经典著作均被列为禁书，翻译和出版这类著作会受到疯狂的迫害，因此，书籍中往往都会用各种各样的方式来作掩护。但即使在这样的情况下，中国共产党也出版了多部经典著作，而从浩如烟海的篇目中首先被选中进行翻译和出版的，都被认为是既揭示了马克思列宁主义的核心观点，又能对中国革命和中国共产党的发展有着重要作用的著作①。《雾月十八日》因其中展现出来的唯物史观的重大意蕴、马克思关于社会发展和个人能力的独特看法、国家学说的独到见解以及对小农问题的特别关注等，成为早期中国马克思主义者关注的重点篇目。1930 年，《雾月十八日》最早的中译本于上海江南书店出版，翻译者为陈仲涛，当时将书名翻译为《拿破仑第三政变记》，马克思和恩格斯所写的两篇序言也被纳入其中②。

抗日战争时期，中国共产党为了提高党员的思想水平，开始大力开展关于马克思列宁主义的宣传教育工作。这时党中央已然迁至延安，相关的出版社便也随之迁移，这就为有系统地大量翻译和出版这类书籍创造了较过去更为有利的条件。为纪念马克思诞辰 120 周年，党中央不仅于 1938 年成立了历史

① 张允侯：《马克思恩格斯著作在中国的出版和传播》，《历史教学》1963 年第 7 期。

② 中共中央马克思恩格斯列宁斯大林著作编译局马恩室：《马克思恩格斯著作在中国的传播》，人民出版社 1983 年版，第 379 页。

上第一个编译局，而且为了更好地统筹管理出版发行工作，于次年成立了中共中央出版发行部。当时筹划出版的系列丛书"马克思恩格斯丛书"中，《雾月十八日》便位列其中①。1940年，由柯柏年翻译、吴黎平校对的《雾月十八日》在延安解放社出版，沿用了《拿破仑第三政变记》这一书名。此书一经出版，便迅速引起了广泛关注，并逐步在社会上产生了深远的影响。它为中国读者提供了马克思对法国历史事件深入分析的内容，还激发了人们对唯物史观的兴趣，推动了该理论的学习与传播。随着时间的推移，越来越多的人通过研读这部著作，掌握了马克思分析历史与社会变革的方法，加深了对唯物史观的理解。柯柏年曾指出，《拿破仑第三政变记》与《法兰西阶级斗争》两部作品，是马克思通过唯物史观剖析19世纪法国社会与政治剧变的经典之作，唯有通过深入研究这两本书，才能真正理解马克思是如何将唯物史观应用于历史分析的，从而全面领会其理论的深刻内涵。柯柏年强调，马克思的历史唯物主义不仅仅是理论的抽象探讨，更是对具体历史现象的实际剖析，展示了历史事实背后潜藏的阶级斗争和社会变革的内在规律②。有学者考证，1947年9月，该书由解放社出版

---

① 白云真：《马克思〈路易·波拿巴的雾月十八日〉研究读本》，中央编译出版社2013年版，第56页。

② 董文冉：《柯柏年：从红色翻译家到外交家的一生》，《中国社会科学报》2022年11月22日，第4版。

了抗日战争胜利后的一个版本①，柯柏年再次担任了翻译与校对的工作。在这次版本的序言中，柯柏年进一步指出，马克思在书中所展现的唯物史观的分析方法和阶级斗争理论，对加快中国的革命进程特别是推动新民主主义革命的胜利，发挥了不可忽视的指导作用，提供了宝贵的理论资源。

中华人民共和国成立后，和平稳定的国内环境为马克思列宁主义经典著作的翻译和传播创造了极为有利的条件。这一时期，国家对思想文化的重视和对马克思主义理论深入学习的需求促进了大量经典著作的翻译与出版。1953 年，中共中央马克思恩格斯列宁斯大林著作编译局的成立，标志着《马克思恩格斯全集》翻译工作开始系统化推进。其以苏联出版的《马克思恩格斯全集》俄文第二版为依据，逐步开展对马克思、恩格斯及列宁等人的经典著作的翻译和出版工作，而《雾月十八日》也被收录至《马克思恩格斯全集》第 8 卷。为了使广大读者能够更好地学习和阅读，作为国家出版机构的人民出版社除了出版《马克思恩格斯全集》外，还将马克思、恩格斯的许多重要作品单独出版为单行本，其中就包括《雾月十八日》②。这种做法不仅使得经典著作更易于为广大读者所接触，而且极大地推动了马克思主义理论在中国的传播和普及。在中华人民

---

① 白云真：《马克思〈路易·波拿巴的雾月十八日〉研究读本》，中央编译出版社 2013 年版，第 57 页。

② 中共中央马克思恩格斯列宁斯大林著作编译局马恩室：《马克思恩格斯著作在中国的传播》，人民出版社 1983 年版，第 356 页。

共和国成立初期，国内外的政治、经济与社会形势较为复杂，然而《雾月十八日》凭借其深刻严密的逻辑分析，为我党理解当时的国内外政治局势提供了有力的理论支持。因此，随着《雾月十八日》逐渐被更多人学习和研究，读者们对这本著作内涵的理解也越来越深入。人们愈发认识到，这部作品不仅是对法国具体历史事件的精辟剖析，更是马克思通过唯物史观对社会发展规律的深刻揭示，成为马克思运用历史唯物主义分析方法的重要范例。

　　进入 20 世纪 90 年代，随着时代的进步和学术研究的不断深化，翻译水平得到了进一步提升，相关资料也变得更加丰富。于是，党和国家开启了对《马克思恩格斯全集》第二版的编纂工作，并相继出版了《马克思恩格斯文集》与《马克思恩格斯选集》的修订版，这些版本的更新与修订，进一步提高了翻译的准确性与文本的完整性。在这一过程中，《雾月十八日》始终被收录其中，成为马克思主义经典著作不可或缺的组成部分。与此同时，越来越多的学者从不同的学术视角出发对这部作品进行细致的剖析和解读。无论是从政治学、历史学的角度，还是从哲学、社会学的角度，甚至是从文学的角度进行研究，整体来说，学术界对《雾月十八日》的研究领域在逐渐拓展，提高了其在中国学术界的影响力。这些研究不仅丰富了《雾月十八日》的理论内涵，还使得它在当代进一步焕发出新的活力与生命力。

　　除此之外，在《雾月十八日》中，马克思对农民问题和无产阶级革命问题进行了深刻的剖析，这一理论对毛泽东产生了深远的影响，尤其是在农民阶级的革命作用和无产阶级革命战略的构建上，发挥了重要的指导作用。马克思在《雾月十八日》中详细分析了小农阶级的作用，指出"小农的政治影响表现为行政权支配社会"①，"波拿巴王朝所代表的不是革命的农民，而是保守的农民"②，因为"'拿破仑的'所有制形式，在 19 世纪初期原是保证法国农村居民解放和致富的条件，而在本世纪的进程中却已变成使他们受奴役和贫困化的法律"③。所以，农民的利益不再与资产阶级的利益相一致，而是与之形成了鲜明的对立关系。在这种情况下，农民逐渐认识到，需要反抗资产阶级的统治，而这已不再是他们单独能够完成的任务，因此，他们将这一历史使命寄托在城市的无产阶级身上，视其为"天然同盟者和领导者"④。也就是说，农民阶级是能够在新的经济条件下，通过引导成为与传统意识作斗争的革命化的阶级，能够在无产阶级革命中发挥作用，所以在革命中要始终坚持工农联盟的思想。这对于拥有"农业大国"之称的中国来说有着重要的借鉴作用。毛泽东同样关注到了这一点，指出农民具有两重性。在《中国社会各阶级的分析》中，他就根据中国的现实状况把农民分为了半自耕农、自耕农、贫

---

① 《马克思恩格斯文集》第 2 卷，人民出版社 2009 年版，第 567 页。
② 《马克思恩格斯文集》第 2 卷，人民出版社 2009 年版，第 567 页。
③ 《马克思恩格斯文集》第 2 卷，人民出版社 2009 年版，第 569 页。
④ 《马克思恩格斯文集》第 2 卷，人民出版社 2009 年版，第 570 页。

农，并详细阐释了他们的革命性，"半自耕农的革命性优于自耕农而不及贫农"①。这为在中国革命时期如何正确处理农民问题、完成中国革命的任务指明了方向。同时，在《中国革命和中国共产党》中，毛泽东也提出了工农联盟的思想，强调要团结贫农与中农，在中国的具体革命实践中，这一思想也形成了强大的力量，为推动革命取得胜利提供了正确指引。

改革开放后，我国社会发生了深刻变化，如何更为准确地评价历史事件和认识现代社会的阶级结构已然成为我国必须面对的问题。在《雾月十八日》中，马克思运用历史唯物主义的分析工具，深入探讨了当时法国社会历史的进程，并通过现象全面客观地揭示出重大历史事件的本质，这为我们提供了运用唯物史观的最好范例。学习和应用阶级分析法有助于我们正确地认识现代社会的阶级结构变化、探究现代历史事件发生的背后物质动因，有利于我们正确认识和评价历史事件，这些都可以为我们更好地把握和处理社会的矛盾、制定社会政策提供理论借鉴。

当前，中国发展进入新时代，面对"两个大局"的现实处境，《雾月十八日》的内涵思想和方法论运用对于理解和推进中国特色社会主义的发展仍旧具有重要的指导意义。在《雾月十八日》中，马克思真正实现了历史唯物主义的分析方法与现实社会的结合，以独特的历史视角和具体的历史材料，在历

---

①《毛泽东选集》第 1 卷，人民出版社 1991 年版，第 7 页。

史发展的图景中找寻回应现实问题的答案。

　　一方面，要从历史中汲取营养，以史为鉴。习近平总书记在《改革开放只有进行时没有完成时》一文中强调，"历史、现实、未来是相通的。历史是过去的现实，现实是未来的历史"，因此我们要"学习时事政策，学习中共党史、新中国史和统一战线历史、人民政协历史，树立正确的历史观和大局观"①。历史在发展中蕴含着偶然性和必然性，因此"我们回顾历史，不是为了从成功中寻求慰藉，更不是为了躺在功劳簿上、为回避今天面临的困难和问题寻找借口，而是为了总结历史经验、把握历史规律，增强开拓前进的勇气和力量"②。揭示历史的真相，不仅要深入挖掘丰富的历史事实和直观材料，更应将历史与现实紧密结合，以此提高我们对历史的理解能力和解释能力。坚持唯物史观的分析方法，就能够更深刻地提炼和总结历史的教训与智慧，从而为我们的现实生活提供指导。这种对历史的深刻洞察有助于我们全面审视当下，引领全党和全国人民在复杂多变的国内形势和国际环境中，坚定信念，明辨方向，开辟一条符合国情、顺应时代潮流的发展之路。这不仅是对历史的尊重，更是对未来负责，确保我们的每一步都坚实而有力，为实现中华民族伟大复兴的梦想奠定坚实的基础。

　　① 习近平：在中央政协工作会议暨庆祝中国人民政治协商会议成立 70 周年大会上的讲话. https://www.12371.cn/2019/09/20/ARTI1568980572864614.shtml，2019-09-20.

　　②《习近平谈治国理政》第 2 卷，外文出版社 2017 年版，第 32 页。

另一方面，要充分发挥历史主动精神，增强历史主体意识。《雾月十八日》中，马克思强调"人们自己创造自己的历史"①，早在《关于费尔巴哈的提纲》中，马克思就指出"人应该在实践中证明自己思维的真理性"②，"全部社会生活在本质上是实践的"③，而这样的实践是基于现实的个人出发的。因此，人民群众是推动历史前进的原动力和主体力量。真正的人民无论面对何种挑战和困难，都拥有不屈不挠的意志和勇气，他们不畏艰难、不惧失败，始终坚守着战斗阵地。这种历史主动精神是唯物史观分析方法的重要组成部分，它体现了无产阶级自我革命的坚定决心和生动实践，彰显了无产阶级政党的革命性质和活力。与此同时，我们还要深刻理解和尊重历史发展的内在规律，敏锐地把握时代的脉搏，准确把握时代的要求、认清时代的问题，以科学的态度和方法应对各种复杂局面。新时代，我们更要以顽强的意志和不懈的努力，勇敢面对一切挑战，不畏艰难险阻，不断开拓进取，为实现社会的进步和发展贡献力量，这是我们继续推进伟大事业的重要保证，也是我们不断取得新的胜利的关键所在。

---

①《马克思恩格斯文集》第 2 卷，人民出版社 2009 年版，第 470 页。
②《马克思恩格斯文集》第 1 卷，人民出版社 2009 年版，第 500 页。
③《马克思恩格斯文集》第 1 卷，人民出版社 2009 年版，第 501 页。

第三章 《路易·波拿巴的雾月十八日》的写作特点

作为马克思运用唯物史观来考察和把握具体历史进程与社会活动的经典文献，《雾月十八日》不仅具有深厚的思想底蕴，而且在文风上也具有难得的艺术特色。在《雾月十八日》中，马克思按照时间线索的行文逻辑并采取戏剧化的组织方式，生动再现了路易·波拿巴模仿拿破仑一世雾月政变的画面，在"闹剧"和"悲情"事件的穿插中，全景式呈现了法兰西第二共和国时期的阶级斗争和利益冲突。"分期铺陈"的记叙方式、"对照布景"的修辞手法和"喜剧表演"的艺术风格构成了这一文本在写作风格上的自身特点，展示出《雾月十八日》独具特色的语言感染魅力，并开拓出独特的视觉呈现空间。

一、"分期铺陈"的记叙方式

在《雾月十八日》第六章的最后部分，马克思指出，在对 1848 年法国革命给予科学评价之前，必须解释清楚这一历史进程的各个环节。从 1848 年 2 月开始，至 1851 年 12 月告终，短短 4 年中，政变与镇压、组阁与倒阁、休会与开会，事件接连而生，往往使人有应接不暇之感。作为一部时评性质的文献，《雾月十八日》首先就要对法国 1848—1851 年不断变换的社会情势和政治局面进行梳理。这一文本的一个突出特点就是采用了"分期铺陈"的记叙方式。它通过对 1848 年以来法国革命分时期、分阶段的概述和评析，把光怪陆离、纷繁凌乱的种种事件、人物以及情节有机地规整和串联起来。

一方面，"分期铺陈"的记叙方式使马克思完整而清晰地描述了法国在 1848—1852 年这 4 年多的政局历程。在《雾月十八日》中，马克思将 1848 年法国革命划分为三个历史时期。通过对这三个时期的"分期铺陈"，马克思完成了对"二月革命"、"六月起义"、路易·波拿巴军事政变的生动描绘，对法国政治斗争的局势、条件与波拿巴登台作出了精辟分析。

第一个时期，即 1848 年 2 月至 1848 年 5 月的"二月革命"时期。1848 年 2 月，以巴黎工人为先锋的群众起义拉开了 1848 年法国革命的序幕。"二月革命"虽然以博爱、互助的名义建立了新的政府，却并没有依照巴黎工人的意愿建立旨在消灭剥削的"社会共和国"。"二月革命"后的资产阶级临时政府由于忌惮工人武装，在普选权、劳动时间等方面作出让步，却暗地怂恿小资产阶级举行反对工人、攻击共产主义者的示威活动，工人阶级与资产阶级随着革命的进程而分道扬镳。在这段历史中，工人阶级扮演了革命洪流开路者的角色，但资产阶级摇身变为革命果实的占有者。因此，这场运动既是革命的序幕，也最终成为"普遍友爱的骗局"①。

第二个时期，即 1848 年 5 月至 1849 年 5 月的共和国成立和制宪议会时期。马克思认为，这一时期又可以分为三个阶段。第一个阶段是从 1848 年 5 月 4 日起到 6 月 25 日止。这一阶段最重大的事件当属巴黎工人在 6 月 22 日举行的声势浩大的"六月起义"。"六月起义"虽然因政府军队的镇压而失败，但无疑揭露了制宪议会及其选举组建的共和国的反动性质。对这场起义的伟大意义，马克思高度评价道："这是分裂现代社会的两个阶级之间的第一次大规模的战斗。这是保存还是消灭资产阶级制度的斗争。"②第二个阶段是从 1848 年 6 月 25 日起至 12 月 10 日止。资产阶级共和派在"六月起义"的工人血泊中确立了专政统治，然而，资产阶级共和派的统治根基并不牢靠，反而在法国社会中被日渐孤立。随着路易·波拿巴在 12 月 10 日的总统选举中胜出，资产阶级共和派的统治也就名存实亡了。第三个阶段是从 1848 年 12 月 20 日起至 1849 年 5 月 28 日止。这段时间主要是路易·波拿巴及秩序党内阁，同代表议会多数的资产阶级共和派争斗的时期。由于资

---

① 《马克思恩格斯文集》第 2 卷，人民出版社 2009 年版，第 558 页。
② 《马克思恩格斯文集》第 2 卷，人民出版社 2009 年版，第 101 页。

产阶级共和派、小资产阶级、社会民主派各自为战，秩序党人最终在 5 月的国民议会选举中以绝对优势完全控制了议会。

第三个时期，即 1849 年 5 月 28 日至 1851 年 12 月 2 日立宪共和国和立法国民议会时期。这一时期大致又可以分为三个小的阶段，即从 1849 年 5 月 28 日起至 1849 年 6 月 13 日止，路易·波拿巴对小资产阶级民主派进行军事弹压；从 1849 年 6 月 13 日起到 1850 年 5 月 31 日止，路易·波拿巴借助反动组织"十二月十日社"的组建及相关活动，不断强化个人行政权力和威信，削弱秩序党的力量，逼迫议会通过新的选举法；从 1850 年 5 月 31 日起至 1851 年 12 月 2 日止，路易·波拿巴利用军队的支持着手清除已成为异己的秩序党，最终以军事政变的方式解散立法国民议会，逮捕了秩序党人及其他一切反对议员，正式开始了对拿破仑帝制的拙劣模仿。

另一方面，"分期铺陈"的记叙方式使马克思得以完全运用阶级分析的立场、观点和方法审视历史、阐释历史。《雾月十八日》将 1848 年法国革命划分为三个分期的根本依据，就是历史事件、历史党派及其历史人物背后性质上截然不同的阶级力量和阶级斗争。马克思之所以将 1848 年法国革命的第一个历史时期划定在 1848 年 2 月至 1848 年 5 月这一区间，就是因为这一阶段的冲突主要是无产阶级同一切资产阶级反动势力不可调和的斗争。在第二个时期，即 1848 年 5 月至 1849 年 5 月的共和国成立和制宪议会时期，随着"六月起义"的失败，这一阶段的斗争已不再是无产阶级和资产阶级之间的斗争，而是纯粹的资产阶级共和派同资产阶级保皇势力之间的较量。到了第三个时期，资产阶级内部的矛盾冲突已经演变为路易·波拿巴所代表的流氓无产者同秩序党人之间的倾轧。

在《雾月十八日》中，马克思通过"分期铺陈"的历史叙述方式，使诸如工人、农民、小资产者、资产阶级知识分子、大地主、工业资产阶级，那些参与、置身、游离乃至要挟1848 年法国革命的形形色色的阶级形象纷纷跃然纸上。在马克思对"二月革命"时期的陈述中，通过巴黎工人的起义行动和革命诉求，我们能够清楚地看到工人阶级在革命中的进步和政治上的天真。依据马克思对共和国建立时期的历史陈述，通过资产阶级共和派围绕议会、宪法、选举的一系列动作，人们能够深切体认到资产阶级面对人民的残暴反动，其在保皇党人面前的软弱无能暴露无遗。依据马克思对立宪共和国时期的历史陈述，通过秩序党的将军对山岳党人的枪炮"款待"，路易·波拿巴以同样的招式将秩序党人送入牢狱，人们既能够感触到资产阶级民主派的愚蠢无知、荒诞可笑，又可以看到路易·波拿巴在其中的见风使舵、坐收渔利。

在《雾月十八日》的第三版序言中，恩格斯指出："一切历史上的斗争，无论是在政治、宗教、哲学的领域中进行的，还是在其他意识形态领域中进行的，实际上只是或多或少明显地表现了各社会阶级的斗争。"①同专门论述法国阶级斗

---

① 《马克思恩格斯文集》第 2 卷，人民出版社 2009 年版，第 469 页。

争的《1848 年至 1850 年的法兰西阶级斗争》相比较，在《雾月十八日》中，马克思没有直接、简单地罗列法国各个阶级的发展状况和力量对比，而是在历史的波浪式叙述中引申出这一时期法国社会最为深刻的阶级矛盾。正是通过对法兰西第二共和国前后历史进程的阶段性分析，马克思得以证明"法国阶级斗争怎样造成了一种局势和条件，使得一个平庸而可笑的人物有可能扮演了英雄的角色"[①]，揭示出何以路易·波拿巴这样一个除去自身姓氏以外毫无政治资本的丑角上台执政，进而从迷离混沌的 19 世纪法国政局中找寻到规律性的社会历史奥秘。

二、"对照布景"的修辞手法

对照是文学创作中一种常用的修辞方法。着眼马克思、恩格斯的经典著作，诸如事件与事件的对照、人物与人物的对照、场面与场面的对照、行动与行动的对照并不少见。《共产党宣言》中的"资产者和无产者""无产者和共产党人""社会主义的和共产主义的文献""共产党人对各种反对党派的态度"的篇目，就是马克思、恩格斯对照式写作的典型。在《雾月十八日》较为有限的篇幅中，马克思从不同方面广泛地运用了"对照布景"的创作手法，并成为这一文本突出的写作特色。

①《马克思恩格斯文集》第 2 卷，人民出版社 2009 年版，第 466 页。

马克思在《雾月十八日》中极为注重事件同事件的对照。"六月起义"之所以会失败，保皇党人之所以击败了资产阶级共和派，波拿巴之所以被法国的大资产者和金融家送入杜伊勒里宫，一个关键点就是秩序，即资本主义现代国家的统治秩序。与法国以往的历次政治革命相比，"六月起义"首次把抗争的矛头对准了资产阶级对工人的奴役，试图将资产阶级的秩序踩在脚下。那些反对"六月起义"的政党或被摧毁弹压，或是销声匿迹，同样在于他们的统治危害了资产阶级的秩序。通过对照手法的运用，马克思清晰指明了为何法国资产阶级的各个派别能够纠结起来反对无产阶级，"六月起义"和路易·波拿巴政变何以是两种截然不同的结局，从而将 1848 年到 1851 年这 4 年所发生的各种历史事件的内在联系揭示了出来。

马克思在运用"对照布景"的修辞手法时，人物同人物之间的对照又是其中的一种重要形式。在对 1848 年法国革命，尤其是在对路易·波拿巴政变的人物特写中，《雾月十八日》既包含着"侄子代替伯父"的对比，又留有对不同革命时期的路易·波拿巴的比较。当 1848 年法国革命还处在第二个时期，当秩序党同资产阶级共和派和小资产阶级民主派还在争斗之时，波拿巴一直躲在秩序党的身后，甚至在秩序党人看来，他只不过是一个任人摆布的傀儡。然而，在秩序党人击败了资产阶级共和派、摧毁了资产阶级民主派的力量之后，他的野心便随着总统行政权力的不断扩大而急剧膨胀，以至蛮横地踢掉了秩序党的巴罗内阁，丢掉了妨碍他显现自己本来面目的铁面具。借助对照的手法，马克思生动地刻画出了路易·波拿巴"和他从伯父那里盲目抄袭来的政府法令的独断果敢的风格形成一种十分可笑的对照"①，而路易·波拿巴自身那善于见风使舵、投机取巧的人物性格及形象更是昭然若揭。

在《雾月十八日》中，还可以见到场面和场面的对照，甚至语言辞令、腔调、神气等细节的对照。从 1848 年革命开始，秩序党人就一直叫嚷着"法国要求的首先是安宁"②，仅仅在不到两年的时间，波拿巴便在向国民议会递送的一份冗长的国情咨文中，就以同样的言语向秩序党人喊话。1849 年 1 月，制宪议会议长马拉斯特要求军队保护国民议会，但此时的秩序党将军尚加尔涅粗暴地拒绝了马拉斯特的要求，并刻毒地说"他不喜欢能思想的刺刀"③。1851 年 11 月，秩序党人在同波拿巴的争斗进入白热化之际，同样提出了直接调动军队的要求，但这时的陆军部长圣阿尔诺却像尚加尔涅回答马拉斯特一样回绝了秩序党人。在路易·波拿巴的"雾月政变"之前，不乏克伦威尔、拿破仑这样的历史人物以解散议会的方式确立统治地位的先例。对于克伦威尔在英国资产阶级革命中解散长期国会的神态举止，马克思曾这样描写："独自一人进入会场，从口袋里拿出表来，为的是不让国会比他所指定的期限多

---

①《马克思恩格斯文集》第 2 卷，人民出版社 2009 年版，第 575 页。
②《马克思恩格斯文集》第 2 卷，人民出版社 2009 年版，第 527 页。
③《马克思恩格斯文集》第 2 卷，人民出版社 2009 年版，第 493 页。

存在一分钟，接着就以愉快的幽默的嘲笑把每一个国会议员赶出会场。"①当拿破仑走进五百人院会议厅时，不乏议员与之进行激烈对抗。面对议员们的狂叫，拿破仑不为所动。马克思评述道："但他毕竟在雾月 18 日跑到立法机关去向它宣读了（虽然是以颤抖的声调）死刑判决书。"②但是，到了路易·波拿巴这里，他却像夜间贼那样偷偷摸摸地进行，在他们面前显得更加渺小。三个场面独具匠心的对照，不仅使路易·波拿巴这一人物形象得到了更为丰满的刻画，也折射出马克思本人对三个历史人物不同的态度和评价。

在《雾月十八日》中，最为关键、核心的对比场景当属"黄袍加身"的路易·波拿巴同他的伯父拿破仑的比照。在马克思看来，"在 1848—1851 年间，只有旧革命的幽灵在游荡，从改穿了老巴伊的服装的戴黄手套的共和党人马拉斯特，到用拿破仑的死人铁面具把自己的鄙陋可厌的面貌掩盖起来的冒险家。自以为借助革命加速了自己的前进运动的整个民族，忽然发现自己被拖回到一个早已死亡的时代；而为了不致对倒退产生错觉，于是就使那些早已成为古董的旧的日期、旧的纪年、旧的名称、旧的敕令以及好像早已腐朽的旧宪兵复活起来"③。因此，法国社会和整个民族"所得到的不只是一幅老拿破仑的漫画，他们得到的是漫画化的老拿破仑本身，是在

①《马克思恩格斯文集》第 2 卷，人民出版社 2009 年版，第 557 页。
②《马克思恩格斯文集》第 2 卷，人民出版社 2009 年版，第 557 页。
③《马克思恩格斯文集》第 2 卷，人民出版社 2009 年版，第 472 页。

19 世纪中叶所应当出现的老拿破仑"①。依据"对照布景"的手法，马克思深刻地指出法国"拿破仑观念"的根深蒂固，阐明了导致"侄子代替伯父"现象的社会根源。他用独特的文笔转合再现了法国当时的社会历史场景，呈现了置于其中的路易·波拿巴"雾月政变"的完整过程，以鲜明的情景反差加深了读者对波拿巴"雾月政变"的历史认识。

恩格斯曾指出："当我们通过思维来考察自然界或人类历史或我们自己的精神活动的时候，首先呈现在我们眼前的，是一幅由种种联系和相互作用无穷无尽地交织起来的画面，其中没有任何东西是不动的和不变的，而是一切都在运动、变化、生成和消逝。"②1848 年以来的法国革命在斗争形式上变幻不已，各类政治人物犹如万花筒、舞台剧一般粉墨登场。人物之间关系的错综复杂，事件变化发展的跌宕曲折，要客观呈现这段历史情景，乃至将这段历史时期及其内在联系叙述得条理清楚并不容易。马克思基于行文的切实需要和自我文学素养，充分运用了"对照布景"的写作手法，将路易·波拿巴的雾月政变形象生动、精彩地呈现在人们的眼前，在立足社会发展的客观现实的纪实叙述中，深刻呈现了构成叙事主题的历史事件、历史人物及其活动场景，清晰勾勒出符合人物性格特征的历史画面，从整体上体现出这一文本高超的内容想

---

① 《马克思恩格斯文集》第 2 卷，人民出版社 2009 年版，第 473 页。
② 《马克思恩格斯文集》第 9 卷，人民出版社 2009 年版，第 23 页。

象力和语言感染力。

三、"喜剧表演"的艺术风格

作为马克思的一部精彩的政论性文献，《雾月十八日》既富含深刻的思想性，又具有鲜明的文艺性。这一文献不仅多次出现"悲剧""笑剧""模仿剧"等戏剧概念，而且着重使用戏剧方式来推动行文。在《雾月十八日》中，马克思将剧场安置在 19 世纪 50 年代的法国，剧场的幕布和角色随着法国革命进程的变化而更替改变。在他所描绘的第二共和国时期议会内外各个派别纷乱的政治斗争中，相关社会事件的演绎、政治人物的登场，宛如一幕幕精妙绝伦的舞台剧。在这里，光线是暗淡的，音乐在低沉地循环着，梦魇在萦绕，受崇敬的服饰逐渐变成束缚的缆绳，以至让人们产生一种似乎当下的一切都在重复过往经典与荣誉的诸多瞬间、史诗中的英雄在重生、光辉与和谐伴随着轮回的幻觉。

浓重的喜剧风格是《雾月十八日》鲜明的艺术特色。马克思在《雾月十八日》的第二版序言中曾说道："在与我这部著作差不多同时出现的、论述同一问题的著作中，值得注意的只有两部：维克多·雨果的《小拿破仑》和蒲鲁东的《政变》。"①同样是对这段历史的叙述，法国作家维克多·雨果

①《马克思恩格斯文集》第 2 卷，人民出版社 2009 年版，第 465 页。

将资产阶级国民议会及其共和国的覆灭看成一场地地道道的悲剧。但在《雾月十八日》的开篇序言中，马克思就为这一文献定下了基调，强调"黑格尔在某个地方说过，一切伟大的世界历史事变和人物，可以说都出现两次。他忘记补充一点：第一次是作为悲剧出现，第二次是作为笑剧出现"①。在马克思看来："科西迪耶尔代替丹东，路易·勃朗代替罗伯斯比尔，1848—1851 年的山岳党代替 1793—1795 年的山岳党，侄子代替伯父。在使雾月十八日事变得以再版的种种情况中，也可以看出一幅同样的漫画！"②总之，1848—1851 年的历史不过是对 18 世纪法国资产阶级大革命时期、雅各宾派专政时期和拿破仑帝国时期的拙劣模仿。

在阅读《雾月十八日》的过程中，人们能够真切感受到这段历史是如此的荒唐可笑。1848 年"二月革命"后的资产阶级共和派以血腥、暴力的形式确立了自己的统治，但"大地已经创造出来，它的造物主除了逃到天上去，就没有其他事情可做了"③，在需要捍卫共和主义和立法权力之时却表现得那么恭顺、软弱。当资产阶级共和派被驱逐出了舞台的中央，台上的秩序党人在自我陶醉中却没有看到一个王位追求者已经站到了他们的身旁。这位政治上的冒险家熟记了秩序党人迫害国民议会的一切言辞，用同样的手段将一个个奸邪狡诈的秩序党

---

① 《马克思恩格斯文集》第 2 卷，人民出版社 2009 年版，第 470 页。
② 《马克思恩格斯文集》第 2 卷，人民出版社 2009 年版，第 470 页。
③ 《马克思恩格斯文集》第 2 卷，人民出版社 2009 年版，第 120 页。

头目从床上拖下并送进了囚车。从共和派的垮台到秩序党的争斗，再到波拿巴的上位，《雾月十八日》中的这些情节就是一幅幅丑态百出的喜剧画面。

《雾月十八日》刻画的一系列政治人物同样是荒唐可笑的。作为政变的主角，路易·波拿巴毫无疑问是这部喜剧的主角。对于这样的一个人物角色，马克思用了大量篇幅进行精细化的特写。在马克思的笔下，波拿巴看似是一个衣冠楚楚的贵族总统，实则是一个贪婪、酗酒的懒汉，是败类的典型，是被一群沉浮游荡的社会渣滓簇拥着的流氓首领。他会无所顾忌地以国民议会的犯罪记录为要挟向资产者勒索金钱，赤裸裸地通过兜售假彩票来博得工人的同情，公然用从法兰西银行窃取到的 2500 万法郎行贿收买军队。然而，就是这样一只本应遭到一切社会阶级蔑视的臭虫，却被有着 3000 万人的法国尊奉为救世主。随着剑拔出来，酒杯相碰，议员们被抛出窗外，黄袍加在波拿巴的身上，整场喜剧达到了高潮，其滑稽程度让人忍俊不禁。

在《雾月十八日》中，除去路易·波拿巴这一主角之外，吹牛大王尚加尔涅、嗜血将军卡芬雅克、交易所豺狼富尔德、反动政客梯也尔、空谈家赖德律-洛兰，这些官场中的代表人物同样是荒诞至极的。马克思对这些人物的用笔有深有浅，但都各具特色，呈现出历史喜剧的效果。比如，小资产阶级民主派领袖赖德律-洛兰仅仅用了两个星期的时间，就将他领导的政党葬送掉，自己虽然逃亡国外，但依然不改空谈家的本性，自认为负有责任，在国外组织起一个毫无意义的政府。再如，秩序党的将军尚加尔涅一人总揽塞纳省国民自卫军、别动队以及正规军第一师指挥大权，目空一切，飞扬跋扈，但在同波拿巴的较量中迅速地败下阵来，波拿巴大笔一挥，让这位自视拯救了国家的英雄就变成了领取年金的解甲将军。

在对 1848 年法国革命"喜剧表演"的勾勒中，马克思以幽默、俏皮的语言描绘了法兰西第二共和国的崩塌，用比喻、象征的笔法描绘了路易·波拿巴的上位。这部作品没有任何浮夸的言辞，也不曾见空洞庸俗的语汇。"先前两大营垒中的每一个营垒（不论是正统派或奥尔良派）内部曾经互相斗争互相排斥的一切旧有色彩，如同干纤毛虫碰到了水一样，又都重新活起来了。看来，他们又重新获得了充分的生命力，能够形成具有互相对立的独立利益的各个派别了。"①在这段犀利的论述中，马克思将资产阶级的两个保皇集团创造性地比作"纤毛虫"。这群人在某些时候是会干瘪下去的，但当遇到适当的环境，又会复活起来。资产阶级善变、丑恶的面目被语言大师马克思刻画得绘声绘色。

"喜剧表演"的艺术风格让行文逻辑体系的表现更加清晰生动，让所有的读者都能够投身其中。这种文本的处理方式也使马克思得以用生动有趣的方式讲述最主要的事件和事实，使马克思刻画的历史是真切的人的活动的历史。与庸俗的喜剧家

---

① 《马克思恩格斯文集》第 2 卷，人民出版社 2009 年版，第 544—545 页。

截然不同，马克思绝不会为了单纯地追求喜剧效果，为了博得读者的一声欢笑，而故意增加无厘头的噱头，他所要做的是潜移默化地引导人们介入整个故事表达的理念和行动之中，感悟到旧世界的腐朽和新世界的召唤。在一幕幕喜剧的背后，马克思自始至终回答着一个严肃的主题，即活跃在政治舞台上的全部官方人物，为何会"无怪乎它们在这种可笑的姿势中失去平衡，并且装出一副无可奈何的鬼脸，奇怪地跳几下，就倒下去了"①。通过对一个个富有喜剧性的行动和场面的描写，马克思得以说明 1848 年法国革命的下行图并不取决于某种不可捉摸的宿命或者某个人物性格的弱点，而是源于隐藏在法国社会历史深处的物质生活条件。站在时代高处的马克思与其说发现了法国 1848—1851 年历史事变所包含的喜剧因素，不如说是从这些喜剧因素中他揭示了历史的本质。在《雾月十八日》中，任何的事件和人物都不是枯燥无味的，也绝不会带有抽象的和公式的性质。通过"笑"这一艺术表达方式，马克思不仅实现了对当时法国各个阶级、政党及其代表人物栩栩如生的素描，更完成了对 1848 年法国革命中的一切丑恶行径的深刻批判和无情鞭挞。

①《马克思恩格斯文集》第 2 卷，人民出版社 2009 年版，第 495 页。

第四章 《路易·波拿巴的雾月十八日》
对法国革命的史实刻画

　　《雾月十八日》以舞台剧般的艺术表现力刻画了 19 世纪中叶法国革命倒退的历史过程，成为研究这一阶段法国社会史、西欧革命运动史与世界政治文明史的光辉经典。在这部著作中，马克思延续并深化了其在《1848 年至 1850 年的法兰西阶级斗争》中的创作思路。一方面，马克思立足自身作为见证者的在场观察与亲身体验，以回到事物本身的记述姿态刻画了"活生生的时事"①，为后世了解这段真实历史提供了可靠依据；另一方面，马克思熟练地运用了历史唯物主义的批判理论和研究工具，洞察了经验表象背后的社会结构因素，将错综复杂的事件细节主次分明地呈现于文本，形成了兼具艺术性与科学性的历史评论，从而开创了马克思主义政治学和社会历史学研究的范例。

　　从文本内容来看，《雾月十八日》的历史叙述可以按照时间顺序分为四个阶段："二月革命"的经过与制宪议会的崩

---

① 《马克思恩格斯文集》第 2 卷，人民出版社 2009 年版，第 468 页。

溃，议会制共和国的乱象与瓦解，路易·波拿巴的崛起与登台，以及拿破仑三世帝制的命运。经由这段历史记述，马克思再现了法国政治从革命到反革命、从共和制到君主制的演变过程，勾勒了法国无产阶级在失败中自我觉醒、资产阶级被迫从政权的台前退居幕后、波拿巴派利用局势逐步窃取了权力的事件线索。《雾月十八日》依据上述四个阶段对历史事件进行梳理，构成了马克思对法国革命的史实刻画。

一、"二月革命"的经过与制宪议会的崩溃

在正面谈论路易·波拿巴的政变史之前，马克思首先回顾了其历史背景：法国严重的社会危机孕育了 1848 年的"二月革命"。之后，各阶级在新成立的临时政府中争夺着控制权。而在镇压 1848 年工人阶级"六月起义"后，资产阶级共和派的制宪议会逐渐失去了统治力，临时政权走向崩溃。这段历史时期被马克思称作"法兰西共和国创立或奠定时期"[1]。通过回顾这段民主革命的崩溃史，马克思揭露了阶级调和观念的虚幻性，表明共和政权归根结底具有其特定的阶级属性。

"二月革命"一开始就诞生于社会各界对君主制的愤恨，它并未建立一个真正的"社会共和国"，因此无法避免阶级冲突继续上演的命运。"'二月革命'对于旧社会是一个突然袭

---

[1]《马克思恩格斯文集》第 2 卷，人民出版社 2009 年版，第 490 页。

击，是一个意外事件。"①它是法国资本主义生产方式平稳发展 30 余年的重要节点。1847 年秋天，英国出现了严重的工商业经济危机，而法国正处于英国主导的世界贸易体系的第二梯队，直接承受了英国工商业危机转嫁出来的市场冲击。"还在 10 月份，危机就开始影响到大陆。在布鲁塞尔、汉堡、不来梅、爱北斐特、热那亚、里窝那、库尔特莱、圣彼得堡、里斯本和威尼斯，同时发生了大规模破产的现象。当危机的力量在英国逐渐削弱的时候，它在大陆上却加强了，并且蔓延到从来没有触及的地方。"②在世界市场波动的影响下，法国社会充斥着对企业倒闭、家庭破产的担忧情绪，处于矛盾激化的困境之中。纵观当时的法国政坛，政府长期被大资产阶级保皇派控制，持续不断的财政困难使政府高度依赖国债来维持生计，容许金融资产阶级操控着经济决策。代表大工业资产阶级的王朝反对派不满于金融资产阶级的压制，希望通过政治改良来解决危机。资产阶级共和派则集中在《国民报》周围，对君主政体进行尖锐批评。就巴黎的中间阶层而言，城市小资产阶级长期苦于工业资产阶级的市场竞争，以及高利贷盛行引发的债务。在广大的农村，农民们面对日益萎缩的私有土地规模，抱怨着城市工商业对乡村传统经济的统治。这时，处于法国资本主义社会结构底层的工人阶级已经难以忍受七月王朝的压迫，一场

---

① 《马克思恩格斯文集》第 2 卷，人民出版社 2009 年版，第 473 页。
② 《马克思恩格斯全集》第 7 卷，人民出版社 1959 年版，第 498—499 页。

剧烈的政治冲突便不可避免了。1848 年的"二月革命"最初并不是有组织的革命行动，而是起于一场围绕选举改革的争论，马克思称这一争论的目标是"扩大有产阶级内部享有政治特权者的范围和推翻金融贵族独占的统治"①。然而，事情逐渐演变成"实际冲突"②，一场场街垒战迫使王室逃走，旧政府军队停止抵抗，新共和国政权也就呼之欲出。在这场以巴黎为主战场的革命中，资产阶级民主派成为实际领导者，而无产阶级、小资产阶级则成为冲锋陷阵的主力。既然临时的新共和政权是因为"全国对路易-菲力浦个人的反感"③才突然出现的，它也就不可能执行社会革命的任务，而是理所应当地成了各阶级暂时调和在一起的议事场。马克思不吝讽刺地描绘了这种复杂的新局面："浮夸的空话同实际上的犹豫不决和束手无策相混杂，热烈谋求革新的势力同墨守成规的顽固积习相混杂，整个社会表面上的和谐同社会各个成分的严重的彼此背离相混杂。"④巴黎无产阶级就这样满足于几个议会席位，沉醉于共和派的和平谎言中，放慢了斗争的脚步。总的来看，阶级利益的根本对立使得"二月革命"只能是后续斗争的"序幕"，而非社会解放的完成。

　　"二月革命"后，资产阶级在无产阶级的犹豫下掌控新政

①《马克思恩格斯文集》第 2 卷，人民出版社 2009 年版，第 476 页。
②《马克思恩格斯文集》第 2 卷，人民出版社 2009 年版，第 476 页。
③《马克思恩格斯文集》第 2 卷，人民出版社 2009 年版，第 481 页。
④《马克思恩格斯文集》第 2 卷，人民出版社 2009 年版，第 477 页。

权，将制宪议会视作保卫资本主义生产方式的工具。临时政府一经成立，便敏感地意识到了自身立足的基础：不是所谓保障权利的共和政体或"自由，平等，博爱"的崇高价值，而是获得以谋求市场稳定为目标的有产者的支持。因此，制宪议会在1848 年 5 月 4 日成立后，它的第一个任务便是恢复曾经的经济秩序，保障资本主义市场体系有效运转。为恢复"国家信用"，临时政府很快便宣布开征新税，加剧了农民阶级、小资产阶级与无产阶级的生存危机。在与无产阶级的对抗中，临时政府又大量收买流氓无产者组成别动队，利用暴力手段遏制工人阶级的反抗。作为回应，一度犹豫徘徊的无产阶级，于 5 月15 日涌入议会，试图选出自己的代表，却遭到制宪议会的镇压。6 月 25 日，忍无可忍的巴黎工人阶级打出了"无产阶级专政"的口号，发动了大规模暴动，而制宪议会则打出"秩序"的口号，要求卡芬雅克将军领导别动队展开反击，并宣布了这次法国革命中的第一次戒严。在缺乏小资产阶级与农民阶级支持的情况下，巴黎工人在斗争中败下阵来。在这场事变中，工人阶级不仅失去了参与临时政权的合法资格，也损失了一批激进斗争的前锋力量。而"六月起义"失败后，国家工场已经被制宪议会废除，新政权已不再尝试通过直接干预来抑制劳动力商品化的过程。种种迹象表明，所谓阶级合作的幻梦，已然实实在在地破灭了。1848 年"二月革命"带来的政治成果，早已被资产阶级据为己有了。可以说，临时政权化作了各阶级争权夺利的舞台。

然而，资产阶级共和派不仅未能调和激化的阶级冲突，还在总统大选和立宪共和国的成立中接连失利。在镇压"六月起义"之后，资产阶级共和派掌控的制宪议会实际上面临着众叛亲离的局面。与此同时，新的共和政权使法国大资产阶级陷入恐慌，"革命促使大量资本从大陆流入英国。从这时起，英国的危机可以说是已经过去了"①，但法国早已存在的经济危机反而愈演愈烈，这促使拥护波旁王室的土地贵族保皇派（正统派）同拥护七月王朝的金融资产阶级、大工业资产阶级保皇派（奥尔良派）联合为秩序党，两派利用手里掌握的社会资源向共和派发起进攻。迫于保障财政、维持稳定的需要，共和派的制宪议会背叛了"二月革命"的主力——小资产阶级、工人阶级等。它取消国家工场，整顿市场秩序，重建国家信用，扩大税收规模，却对城市的破产危机以及农村小块土地所有制的瓦解趋势束手无策，从而失去了一切劳动群众的支持。在这种背景下，制宪议会仍用"对准人民的刺刀"②强制通过了充满空话的宪法，并使军队的独立性得到极大增强。但是，资产阶级共和派始终无法解除普选制带来的巨大"风险"。12月的大选成为小资产者、无产阶级和农民阶级发泄愤恨的通道，流氓无产者路易·波拿巴被推上总统之位，而旧时的王朝反对派巴罗则出任总理，分享了行政权力。秩序党人尚加尔涅则接管

---

①《马克思恩格斯全集》第7卷，人民出版社1959年版，第500页。
②《马克思恩格斯文集》第2卷，人民出版社2009年版，第487页。

了别动队和国民自卫军。在马克思看来，"1848 年 12 月 20
日到 1849 年 5 月制宪议会解散这个时期，包括了资产阶级共
和派灭亡的历史"①。当资产阶级共和派背叛了劳动阶级，它
便将国家视作统治阶级的私产，宣布国家不再可能是"社会共
和国"，而是"资产阶级的共和国"。然而彼时的法国统治阶
级并非牢固的统一体，而是分裂为诸多集团的反动群体集合。
制宪议会已仅剩下关于共和政治的空话，无法抵挡其他资产阶
级群众基于实际利益的排斥，也无法阻挡保皇派将国家进一步
化作私产的脚步。秩序党人并未按照资产阶级共和派设定的规
则，从议会内部发起进攻。相反，他们从 12 月的总统大选中
看见了"民意"的力量。"他们在全法国掀起了向国民议会请
愿的运动，客客气气地请求国民议会隐退。这样，他们就把无
组织的人民群众引入反对国民议会、反对依照宪法组织起来的
民意表现的斗争。"②至此，资产阶级共和派的制宪议会凭借
"想象中的普遍利益"所支撑的合法性已然瓦解，不得不开始
料理自己的后事。马克思一针见血地揭露了法国资产阶级共和
派的软弱秉性："这些纯粹的共和派曾经极其残暴地滥用武力
对付人民，而现在，当需要捍卫他们自己的共和主义和自己的
立法权以对抗行政权和保皇党人时，他们却极其怯懦地、畏缩
地、沮丧地、软弱无力地放弃了斗争。"③因此，他们不是在

① 《马克思恩格斯文集》第 2 卷，人民出版社 2009 年版，第 489 页。
② 《马克思恩格斯文集》第 2 卷，人民出版社 2009 年版，第 491 页。
③ 《马克思恩格斯文集》第 2 卷，人民出版社 2009 年版，第 489 页。

斗争中灭亡了，"而是消亡了。他们已经最终演完了自己的角色"①。1849 年 5 月 28 日，制宪议会宣告解散，正式的立法国民议会成立。在之后的历史中，残余的资产阶级共和派只能畏缩在小资产者的周围，不时表达着他们对共和传统的怀念。法国革命则在崩溃后不断倒退，由保皇派控制的资产阶级共和国建立起来。

二、议会制共和国的乱象与瓦解

以立法国民议会的成立为叙述起点，马克思对法国革命的史实论述进入重点部分。在马克思看来，议会制共和国是法国资产阶级统治的完成形式，它容许法国资产阶级的两大集团联合起来，"从而把本阶级的统治提到日程上来，以代替本阶级中的一个特权集团的统治"②。在议会制共和国中明争暗斗的各方势力，涵括了秩序党保皇派、小资产阶级社会民主派（山岳党人）、残余的资产阶级共和派、巴黎无产阶级、法国农民阶级、流氓无产者及其政治代表路易·波拿巴。在此期间，法国政坛乱象不止，秩序党不断动用非法暴力手段来维持资产阶级专政，逐步丧失了公众信任。秩序党也被迫将内阁、军队和议会先后交给波拿巴派，议会制共和国走向瓦解。

①《马克思恩格斯文集》第 2 卷，人民出版社 2009 年版，第 489 页。
②《马克思恩格斯文集》第 2 卷，人民出版社 2009 年版，第 499 页。

议会制共和国确立后，秩序党人掌控了议会与内阁，联合波拿巴派镇压了小资产阶级山岳党的议会起义，从而巩固了统治。1849 年的立法国民议会首先面对的是罗马问题。法国"宪法第 54 条曾禁止行政权未经国民议会同意而宣布任何战争"①，因此小资产阶级的代言人赖德律-洛兰就请出宪法来制止波拿巴政府的进攻倾向，并向议会提案审判波拿巴及其部长们，这无疑是向保皇派及其盟友发起的公开斗争。在革命无产阶级遭到重创、农民阶级噤声无言、资产阶级共和派已然消亡的情况下，小资产阶级把自己视作真正的群众代表，他们组成的民主党人"体现两个阶级的利益互相削弱的那个过渡阶级，所以民主党人自以为完全超然于阶级对抗之上。民主党人认为，和他们对立的是一个特权阶级，而他们和全国所有其他阶层一起构成了人民。他们所维护的是人民的权利；他们所关心的是人民的利益。因此，他们没有必要在临近斗争时考察各个不同阶级的利益和立场"②。默认私有财产制度之天然合理性的政治意识形态，使小资产阶级幻想在敌人控制的议会中取得胜利。山岳党放弃了武装起义的斗争形式，在 6 月 11 日发动了一场"纯理性范围内的起义"③。历史的偶然因素也再次倒向资产阶级一边：无产阶级因霍乱而人员锐减，且并未与资产阶级议会达到再次公开决裂的程度，因此他们对小资产阶级

---

① 《马克思恩格斯文集》第 2 卷，人民出版社 2009 年版，第 139 页。
② 《马克思恩格斯文集》第 2 卷，人民出版社 2009 年版，第 504 页。
③ 《马克思恩格斯文集》第 2 卷，人民出版社 2009 年版，第 140 页。

的起义保持"怀疑、观望的态度"①。6月12日，山岳党人在投票失利中满怀气愤地退出会场。次日，山岳党人组织了一场"和平示威游行"。但法国的权柄几近全部掌握在大资产阶级手中，秩序党指挥尚加尔涅的军队强力驱散了这场运动，他们"不仅击溃了山岳党的势力，同时还执行了宪法应服从国民议会多数的决议的原则"②。大资产阶级保皇派借用议会统治形式和暴力机器，不仅维系了波拿巴政府的权威，还获得了君主国政体无法满足的专制权力。

巩固统治后，立法国民议会倒行逆施，不断强化行政权力，与无产阶级展开持续对抗。"六月起义"后，涌动在立法国民议会中的秩序党人并未忘记，保皇派是凭借议会多数席位和军队的刺刀取得胜利的，他们曾用民意对抗资产阶级共和派，现在却为了维护大资产阶级的利益而对抗民意。事实上，秩序党已然暴露了其统治缺陷：在1849年的"六月起义"中，当"它把议会中最孚众望的议员排除出去，岂不是严重地削弱了议会对付行政权和人民的力量，因而使议会本身受到一次沉重的打击吗？它既然毫不客气地把许多议员交付法庭审判，也就是废弃了它本身的议会不可侵犯性"③。可见，自山岳党人失败后，不断巩固权力的秩序党，已经第二次极大削弱了议会政体的权威，把自身摆放在了日渐丧失民众支持的位

①《马克思恩格斯文集》第2卷，人民出版社2009年版，第141页。
②《马克思恩格斯文集》第2卷，人民出版社2009年版，第505页。
③《马克思恩格斯文集》第2卷，人民出版社2009年版，第505—506页。

置。此外，秩序党人也并非步调一致的紧密集团，他们迅速分裂成几个派别，同路易·波拿巴一起展开了争权夺利的斗争，同时并未丝毫放松对劳动阶级的镇压。伴随着风云跌宕的政坛冲突，1849—1850 年，法国资本主义工商业从危机转向繁荣状态，工业资产阶级、金融资产者的利益诉求不断涌现，劳动阶级的不满也迅速膨胀。为了维持统治，秩序党制定各种维护秩序的法律，把戒严的权力交给政府，同时加强了对公共舆论的钳制。为了在权势斗争中进行更多阴谋活动，缓解政治分裂的程度，秩序党只能诉诸议会的休会。在秩序党的统治下，"这个共和国为要显出自己的真面目来，只缺少一件东西——使议会的休会继续不断，并把共和国的'自由，平等，博爱'这句格言代以毫不含糊的'步兵，骑兵，炮兵！'"[1]大资产阶级保皇派的残暴统治，不可避免地破坏了自己立足的基础，逐渐失去了各阶级群众的最后支持。

在统治危机中，秩序党被迫向波拿巴派出让利益，失去内阁、军队和议会，最终使议会制共和国丧失了合法性。早在叙述制宪议会瓦解的历史时，马克思便讽刺了法国资产阶级议会制的历史命运："当秩序党还只是内阁而不是国民议会的时候，它就这样玷污了议会制度。而当 1851 年十二月二日政变把议会制度逐出法国的时候，它就叫喊起来了！"[2]马克思的

---

①《马克思恩格斯文集》第 2 卷，人民出版社 2009 年版，第 509 页。

②《马克思恩格斯文集》第 2 卷，人民出版社 2009 年版，第 493 页。

事后回顾说明，法国资产阶级依靠共和政体维持统治的方式曾经遭遇多次失败，也必然会再次走向失败。在阶级力量相对均势的情况下，占据议会的秩序党人一旦失去各阶级的最后信任，就必然重蹈制宪议会的覆辙。"革命危机刚一过去，普选权刚一废止，国民议会和波拿巴之间的斗争就重新爆发了。"①在围绕薪俸和内阁人选问题的争论中，秩序党和波拿巴之间的矛盾扩大化，争论终于"转化为两个权力之间的你死我活的斗争"②。但是，分裂的秩序党人显然低估了波拿巴的权谋手腕，以及象征着秩序与权威的"拿破仑观念"在法国的力量，因而并没有占到多少实际的好处。在 1850 年 3 月 10 日的补充选举中，小资产阶级和无产阶级占据优势，连军队也在其他各省投票支持山岳党。这种议会选举危机使秩序党再次向路易·波拿巴让步，致使波拿巴任命巴罗什出任内务部部长，放弃恢复国民议会控制的内阁。秩序党通过与行政权的密切合作，在 1850 年 5 月 31 日通过了新的选举法，在山岳党的反对之下废除了普选权，幻想以此真正解除资产阶级专政的最大威胁。但是，在 1850 年下半年的冲突中，秩序党控制的议会仿佛当初的制宪议会，并不能做出什么有意义的工作。"国民议会在 11 月和 12 月间，总是极力避免和拒绝在重大的、迫切的问题上和行政权进行斗争。"③秩序党总是以宪法和法律为旗

---

①《马克思恩格斯文集》第 2 卷，人民出版社 2009 年版，第 521 页。
②《马克思恩格斯文集》第 2 卷，人民出版社 2009 年版，第 522 页。
③《马克思恩格斯文集》第 2 卷，人民出版社 2009 年版，第 529 页。

帜，指责波拿巴侵犯了议会的尊严，破坏了民主的成果。但迫于其他阶级袖手旁观的态度与严厉的攻击，秩序党只能满足波拿巴派关于加薪和撤换尚加尔涅的请求，从而完全从行政权和军权领域撤出。马克思尖锐地指出了秩序党缩守议会所面临的尴尬局面："国民议会已经没有内阁，没有军队，没有人民，没有社会舆论，从 5 月 31 日通过选举法起就不再是有主权的国民的代表者了；没有眼睛，没有耳朵，没有牙齿，没有一切，逐渐变成了一个旧法国高等法院，它让政府去行动，自己则满足于在事后发出唠叨的抗议。"[1]可以说，当大资产阶级秩序党失去统治力，1849 年 5 月以来的议会制共和国便名存实亡了。

三、路易·波拿巴的崛起与登台

在《雾月十八日》中，马克思的记述对象并不止于作为政治势力活动的阶级，还包括这场政变中的关键个人、关键组织、关键群体，出身流氓无产者的路易·波拿巴显然是我们了解这段历史的枢纽性人物。波拿巴在"六月起义"后的法国戒严时期当选代表，彼时正是制宪议会积极镇压劳动阶级的历史时刻。在 1848 年 12 月的大选中，波拿巴在拥有普选权的农民阶级支持下出任总统，之后撤销了秩序党内阁，拉拢金融资产

---

① 《马克思恩格斯文集》第 2 卷，人民出版社 2009 年版，第 534 页。

阶级和大工业资产阶级组成了新的利益中心。通过一次次非法政变与议会争论，波拿巴利用强化的行政权力粉碎了秩序党的攻击，并在军队的支持下发动政变，恢复帝制。马克思通过历史唯物主义分析证明了一种使君主制复辟的"局势和条件"，这吸引了各类研究者的长期关注。但同时，在马克思看来，路易·波拿巴这一人物只是"有可能"①扮演英雄的角色，而这种可能性向现实性的转变，仍是由波拿巴主动实行现实政治策略来完成的。因此，从法国阶级斗争的历史变奏中理清路易·波拿巴的崛起之路，同样是马克思在《雾月十八日》文本中完成的主要工作之一。

波拿巴利用农民阶级的"拿破仑观念"当选总统，依靠流氓无产者组建起自己的独立势力。路易·波拿巴本是法国流氓无产者中的一员，其伯父拿破仑·波拿巴曾在 18 世纪法国大革命中崭露头角，建立起一度宰制欧洲命运的法兰西帝国。路易·波拿巴在法国"二月革命"的动荡中伺机而动，于1848 年"六月起义"后的全国戒严中当选为巴黎的代表，并积极参与法兰西第二共和国第一任总统的选举。与资产阶级决裂后，巴黎无产阶级开始脱离民主派独立行动，而小资产阶级也不再支持服务于资产阶级制宪议会的刽子手——卡芬雅克。波谲云诡间，波拿巴利用"普选权"这一资产阶级专政中的不稳定因素，一跃成为总统大选中的当红人物。在当时的法国，

---

① 《马克思恩格斯文集》第 2 卷，人民出版社 2009 年版，第 466 页。

从旧时代存续下来的"拿破仑观念"仍在广阔的农村大有市场。这是一个汇聚复杂意义的精神传统：在统治方式上，它意味着用非常手段停止民主程序中无休无止的争吵，使"政变的影子像幽灵一样习以为常"[①]；在社会秩序上，它意味着按照旧有的传统行事，维系法国一贯的家庭结构和财产单位；在价值信仰上，它象征着一套关于英雄神话的观念形态。路易·波拿巴恰好顺应了"拿破仑观念"重建声威的浪潮，成为农民阶级向城市工商业进攻的代言人，而且还成了"国民精神的化身"[②]和"一种神权的体现者"[③]，成为"人民恩赐的统治者"[④]。当选总统后，路易·波拿巴迅速壮大了自己的独立势力，扩充了争权夺利的资本。马克思深刻洞察了路易·波拿巴及其附庸的身份属性，指出他们"是被法国人称做浪荡游民的那个完全不固定的、不得不只身四处漂泊的人群。波拿巴把这些跟他同类的分子组成十二月十日会即'慈善会'的核心，因为这个团体的所有成员都和波拿巴一样感到自己需要靠国内的劳动群众来周济。波拿巴是流氓无产阶级的首领，他只有在这些流氓无产者身上才能大量地重新找到他本人所追求的利益，他把这些由所有各个阶级中淘汰出来的渣滓、残屑和糟粕看做他自己绝对能够依靠的唯一的阶级。这就是真实的波拿巴，不

---

① 《马克思恩格斯文集》第 2 卷，人民出版社 2009 年版，第 554 页。
② 《马克思恩格斯文集》第 2 卷，人民出版社 2009 年版，第 486 页。
③ 《马克思恩格斯文集》第 2 卷，人民出版社 2009 年版，第 486 页。
④ 《马克思恩格斯文集》第 2 卷，人民出版社 2009 年版，第 486 页。

加掩饰的波拿巴"①。劳动阶级曾一度幻想着，长期活跃在社会底层的路易·波拿巴能代表"普遍的利益"。但事实则是，他只是被农民阶级推向台前的流氓无产者的一分子，他既不能挽救小资产阶级的破产危机，也不能缓解小块土地所有制瓦解的压力，更不能代表工人阶级变革资本主义生产方式。

　　势力壮大后，波拿巴又利用秩序党统治的虚弱之处，自组内阁，窃取了行政权和军权。实际上，路易·波拿巴堪称秩序党政治策略的"卓越学习者"。他从与保皇派内阁的纠纷中学会了扩大手中的权力，从秩序党排挤小资产阶级的行径中学会了在议会里讨价还价，从秩序党粉碎资产阶级共和派的历史中学会了用民意击溃议会，从秩序党实行专制、脱离各阶级群众的现实中领悟了军事政变、舆论攻击的"魅力"。很大程度上，培育独裁者波拿巴"无耻习惯"的不是他自己，而是法国资产阶级一次次的专制举措。1849 年 1 月，为宣示武力，威逼共和派制宪议会倒台，秩序党要求掌握军队大权的秩序党将军尚加尔涅举行阅兵，而波拿巴巧妙地利用了这次机会，"让一部分军队在土伊勒里宫前受他检阅"②，从而在军队中播下了"拿破仑观念"的种子。同年，秩序党希望制定一部限制总统权力的法律，但他们仍需要波拿巴这位总统帮忙镇压劳动阶级，因此最终未能成功立法。1849 年 8 月，在成功镇压小资

---

　　①《马克思恩格斯文集》第 2 卷，人民出版社 2009 年版，第 523 页。
　　②《马克思恩格斯文集》第 2 卷，人民出版社 2009 年版，第 492 页。

产阶级起义后，立法国民议会宣布休会。波拿巴深知自己将成为秩序党的下一个斗争目标，于是精准地把握了这次机会，借皇帝式的巡游来进行阴谋活动，扩大了自身影响力。波拿巴很清楚，秩序党实际上是一盘散沙，不得不向他做出妥协来维持政治稳定，否则法国资本主义就难以从低迷中顺利恢复。同年11月，波拿巴通告议会，他已经将巴罗-法卢内阁免职，并组建了代表金融资产阶级利益的内阁，任用高利贷者富尔德出任财政部部长，冒着政治风险尝试完全掌握行政权。经过这一番操作，法国的证券"随着波拿巴的股票的涨跌而涨跌"[①]，而被金融资本挟制的大工业资产阶级也迅速倒向了波拿巴。可以说，此时的波拿巴正式将"独立的行政权"变成了满足阶级诉求的利益中心。秩序党人曾一度试图废除普选权，但这根本无法阻挡波拿巴的脚步。而由于军队长期苦于尚加尔涅和秩序党人的高压政治，带有神圣形象的总统波拿巴便越来越成为其信任的对象。波拿巴派正是通过这一点逐步掌控了法国的军权。

最后，波拿巴利用秩序党的弱点，发动政变、恢复帝制，化作"普遍意志"[②]的代表。在 1850 年的政治斗争中，失去内阁和军队的秩序党人，只能将议会作为最后的阵地。由于制宪议会和立法国民议会先后未能拯救法国经济，甚至用持续的争吵阻碍了法国资本主义工商业再次繁荣，"共和政体"

---

① 《马克思恩格斯文集》第 2 卷，人民出版社 2009 年版，第 512 页。
② 《马克思恩格斯文集》第 2 卷，人民出版社 2009 年版，第 563 页。

已然失去了大部分群众的支持。无产阶级群众经历了多次失败，逐渐明确了自己"不断革命"的任务，而小资产阶级、农民阶级和残余的资产阶级共和派则团结在其周围。摆在议会制共和国面前的只有两种命运：要么被无产阶级革命的红色浪潮颠覆，要么结束各派的无效争吵，恢复旧有的君主专制体制。显然，执掌权力的大资产阶级并不会选择前者，路易·波拿巴也绝不可能脱离资产阶级的支持单独行动。于是，围绕谁是"正统君主"的问题，路易·波拿巴与向往波旁王朝的正统派、赞成七月王朝的奥尔良派持续地进行争论。马克思巧妙地描绘了两大保皇派相持不下时的心理："既然君主制的任何直接的复辟都要以两个王朝的融合为前提，而任何这样的融合又都要以奥尔良王室引退为前提，那么，暂且承认共和国，等到事变允许把总统的安乐椅变成王位时再说，这样做是和他们先辈的传统完全相适合的。"①但是，保皇派们仍未充分意识到，"波拿巴是一个浪荡人，是一个骄横的流氓无产者，他比无耻的资产者有一个长处，这就是他能用下流手段进行斗争"②。当经济繁荣到来，无法忍受冲突的奥尔良派开始大批倒向波拿巴派，后者也加快了破坏秩序党议会的步伐。法国资本主义工商业发展的需要，构成了秩序党人统治瓦解的直接原因。"当商业情况良好的时候（1851 年初还是这样），商业

---

① 《马克思恩格斯文集》第 2 卷，人民出版社 2009 年版，第 544 页。
② 《马克思恩格斯文集》第 2 卷，人民出版社 2009 年版，第 531 页。

资产阶级激烈地反对任何议会斗争，生怕这种斗争会使商业吃亏。当商业情况不好的时候（从 1851 年 2 月底起已成为经常现象了），商业资产阶级就抱怨议会斗争是商业停滞的原因。"[1]1851 年 5 月 28 日，饱受批评的秩序党国民议会只能在修宪问题上屈服于行政权的威势，正式启动解体的进程。1851 年 8 月 10 日至 11 月 4 日，秩序党宣布议会休会，铺天盖地的舆论倒向了波拿巴一边，议会制度就这样再一次被法国人民抛弃。同年 12 月 2 日，路易·波拿巴利用农民阶级抵触城市有产阶级的情绪，依靠 12 月 10 日流氓无产者和军队的支持发动了政变，宣布旧的立法国民议会解散。成为皇帝的路易·波拿巴迎合了法国资本主义快速发展的趋势，暂时成为有产者们的拯救者，化身"人民的意志"。至此，法国资产阶级直接掌控政权的尝试宣告失败，议会制共和国被"中立的帝制"取代。

四、拿破仑三世帝制的最终结局

1851 年，路易·波拿巴派抓住秩序党议会失去社会支持的时机，不断散播"拿破仑拯救世界"的神话，而有产者们迫切希望迎合久违的经济繁荣形势，对秩序党持续低效的议会争吵十分不满。在形势反转的有利条件下，路易·波拿巴于

---

[1]《马克思恩格斯文集》第 2 卷，人民出版社 2009 年版，第 549 页。

1851 年 12 月 2 日发动政变，并运用权谋手段成为皇帝，史称拿破仑三世。至此，《雾月十八日》对法国革命的史实记述呈现了一幅极具讽刺意味的图画。马克思运用历史唯物主义的洞察力，指出波拿巴政权以小块土地所有制及建立在其上的意识形态为基础，只是代替资产阶级政治集团实行资产阶级专政的工具，它的种种倒行逆施的极端行径，乃是为了维持阶级统治的局面。马克思据此前瞻，科学预言了拿破仑三世帝制的命运：当利益分裂扩大、阶级意识觉醒，"随着小块土地所有制日益加剧的解体，建立在它上面的国家建筑物将倒塌下来"①，拿破仑三世将失去所谓与各阶级并列的中间地位，在自相矛盾的处境中跌下神坛。

追根溯源，拿破仑三世的登台是小块土地私有制自我维持的产物，恢复传统秩序是其必行手段。在拿破仑一世统治时期，"农村土地的小块化补充了城市中的自由竞争和正在兴起的大工业。农民阶级是对刚被推翻的土地贵族的普遍抗议。小块土地所有制在法国土地上扎下的根剥夺了封建制度的一切营养物。小块土地的界桩成为资产阶级抵抗其旧日统治者的一切攻击的自然堡垒"②。当时皇帝对小块土地私有制的支持，是为了削减乡村土地贵族的统治，从而使法国资本主义快速成长。这段历史完结后，保护小块土地的"拿破仑观念"也根植

---

① 《马克思恩格斯文集》第 2 卷，人民出版社 2009 年版，第 573 页。
② 《马克思恩格斯文集》第 2 卷，人民出版社 2009 年版，第 569 页。

于法国农民心中。几十年后，这种已死之人的神话仍很有市场，显然是因为小块土地所有制还广泛存在。"一切'拿破仑观念'都是不发达的、朝气蓬勃的小块土地所产生的观念"①，在资本主义生产方式逐渐发展到与小块土地所有制不相容的时刻，"对于已经衰老的小块土地说来，这些观念是荒谬的，只是它垂死挣扎时的幻觉，只是变成了空话的词句，只是变成了幽灵的魂魄"②。19 世纪中叶的波拿巴王朝便是由农民阶级的保守性支撑起来的。路易·波拿巴能在选举中当选代表，进而在全国普选中当选总统，其票仓较大比例来自农民阶级。农民阶级也曾一度认为，只有波拿巴才能终结革命后加剧的税收负担，消除高利贷者的压迫，他们将波拿巴视作农村抗争城市的工具。但在波拿巴当选总统后的三年议会制共和国时期，一部分农民开始意识到"拿破仑观念"的虚伪性，拿起武器进行抗议。波拿巴派逐渐意识到，只有满足农民中保守的大多数，才能维持自身的优势。于是，波拿巴派一面镇压反抗的农民，一面把军队变成"农民流氓无产阶级的败类"③，用庞大的行政官僚体制来管束激进分子。路易·波拿巴就这样踩着占法国人口大多数的农民提供的阶梯，在 1851 年 12 月 2 日发动政变，"满足"了农民恢复帝国的希望。在农民阶级的影响下，上位的波拿巴用行政权去支配社会，使已死的革命被复辟的帝制取代。

---

① 《马克思恩格斯文集》第 2 卷，人民出版社 2009 年版，第 572—573 页。
② 《马克思恩格斯文集》第 2 卷，人民出版社 2009 年版，第 573 页。
③ 《马克思恩格斯文集》第 2 卷，人民出版社 2009 年版，第 572 页。

在马克思的判断中，拿破仑三世只是想象中的"中立者"，作为农民阶级的代言人，他只能代替资产阶级执行资产阶级专政。拿破仑三世是在小资产阶级、农民阶级和无产阶级的对抗性矛盾中，运用非法手段废除了共和政体的。既然要保持长期统治，波拿巴派就不能公开宣布皇帝是大资产阶级或贵族的代言人，于是其"不得不创造一个同社会各真实阶级并列的人为等级，而对这个等级来说，维护波拿巴的政权就成了饭碗问题"①。按照拿破仑三世的设想，既然需要避免任何阶级夺取权力，就需要打造一个与"拿破仑"本人绑定的利益集团，而法国庞大的官僚队伍便是理想的对象。此外，拿破仑三世还支持教会势力的扩张，让教士成为"地上警察的涂了圣油的警犬"②。军队也理所应当地成为拿破仑三世的重点收买对象。拿破仑三世力图把自己的统治基础确立为纯粹独立的国家体制，但他无法消灭资本主义生产方式，也无法摆脱市民社会的束缚，甚至无从证明自己在经济上的独立性。相反，他必须尽可能地满足那些掌握社会权力的资产阶级的利益，必须打起十二分精神应对世界市场的挑战。在资产阶级共和派、资产阶级保皇派皆已退出国家权力前台的情况下，拿破仑三世仍需要代替他们实行资产阶级专政。1851 年 12 月 1 日，"波拿巴以突然的袭击使巴黎的无产阶级失掉了它的领袖，失掉了街垒战

---

①《马克思恩格斯文集》第 2 卷，人民出版社 2009 年版，第 571 页。
②《马克思恩格斯文集》第 2 卷，人民出版社 2009 年版，第 572 页。

的指挥者"①，他在粉碎资产阶级议会之前，就已经向革命无产阶级发动了进攻。上位之后，在法国多种生产方式共存、阶级分化相当明显的情况下，拿破仑三世"要是不从一个阶级那里取得一些什么，就不能给另一个阶级一些什么"②。因此，从表面上看，拿破仑三世从资产阶级手中夺取了统治社会的权力，但实际上，资产阶级是在统治危机下将国家权力托管给了这位流氓无产者。

马克思预见，当小块土地所有制被资本主义生产方式瓦解，拿破仑三世的持续政变与不法行为便会失效，其统治也必然覆灭。与现代资本主义和后资本主义社会相适应的，是现代社会条件下的国家中央集权制。这种集权制的真正发展，势必要求摆脱"封建制度累赘"的束缚，从官僚政治的桎梏中解放出来。换言之，真正进步的现代国家是无法同小块土地所有制、封建传统秩序相容的，它将以生产方式的更新、社会革命的实现为发展前提。因此，既然小块土地所有制的自保是拿破仑三世上位的真实原因，它的前途就将直接左右帝制的命运。拿破仑三世统治下的帝制国家，"自命为负有保障'资产阶级秩序'的使命"③，于是拿破仑三世一面要加固它的生存基础——农民阶级保守势力主导的封建传统秩序，一面却要容许资本主义繁荣发展，不可避免地允许革命无产阶级走向觉醒。

① 《马克思恩格斯文集》第 2 卷，人民出版社 2009 年版，第 563 页。
② 《马克思恩格斯文集》第 2 卷，人民出版社 2009 年版，第 576 页。
③ 《马克思恩格斯文集》第 2 卷，人民出版社 2009 年版，第 574 页。

这种自相矛盾的境地，使波拿巴不能很好地挽救小农传统的消亡，而"法国农民一旦对拿破仑帝制复辟感到失望，就会把对于自己小块土地的信念抛弃；那时建立在这种小块土地上面的全部国家建筑物都将会倒塌下来"①。对待资产阶级，拿破仑三世也不得不"每天发动小型政变，使整个资产阶级经济陷于混乱状态"②，这毫无疑问是在破坏帝制的公共信任。回顾历史，拿破仑三世曾利用了各阶级对经济繁荣的期待，作为"普遍利益的代表"登上神坛，但如今也面临与制宪议会、立法国民议会同样的危机，因此必将会被各个阶级抛弃。毋庸置疑，一旦危机降临，拿破仑三世的非正规手腕与专制策略都将失效，法兰西"军事官僚政府机器"的前景就只能是一片"废墟"了。实际上，拿破仑三世帝制仅仅维持了不到 20 年的时间，历史事实确证了《雾月十八日》文本内蕴着的科学预见力。

---

① 《马克思恩格斯文集》第 2 卷，人民出版社 2009 年版，第 573 页。
② 《马克思恩格斯文集》第 2 卷，人民出版社 2009 年版，第 577 页。

第五章　法国革命动向的物质生活条件的"锁钥"

　　1885 年，在第三版《雾月十八日》序言中，恩格斯指出，"这是一部天才的著作"[①]，内含着揭示法兰西第二共和国秘密的钥匙。在书中，马克思尝试用历史唯物主义的"解剖刀"论析法兰西第二共和国的兴衰，"将一个当代历史事件剖析到最深的层面"[②]。为了总结 1848—1851 年法国阶级斗争的经验和教训，马克思"详细地科学地研究作为整个政治运动的基础的经济关系"[③]，基于当时当地的具体经济状况，他系统考察了"二月革命"前后法国社会经济的变化，在揭示历史事件内部中的原因及进行结果分析时，始终从法国社会内部的经济活动论述各阶级的发展走向。毫不夸张地说，《雾月十八日》同时也是一部马克思主义政治经济学的著作，是马克思主

---

　　①《马克思恩格斯文集》第 2 卷，人民出版社 2009 年版，第 468 页。
　　② [德]弗兰茨·梅林：《马克思传》，胡晓琛、高杉译，中央编译出版社 2022 年版，第 226 页。
　　③《马克思恩格斯全集》第 7 卷，人民出版社 1959 年版，第 3 页。

义政治经济学理论在政治领域的具体运用①。

　　对于当时工业社会迅速发展的法国来说，根源于当时特定社会经济状况的 1848 年革命是一个重要的历史转折点。以代表大金融资本家利益的路易·菲利普为国王的七月王朝，在统治法国的 18 年里，已累积起法国人民多年的不满。1845 年和 1846 年连续两年，爆发于法国全境的马铃薯病虫害导致农业濒临崩溃，但随之而来的是地主和资本家以提高粮价为手段对人民实行更为残酷的剥削，加之 1847 年英国工商业危机对欧洲大陆产生的外溢影响，以致巴黎不少工厂倒闭破产，工人失业进一步激化了社会矛盾。1848 年 2 月，法国巴黎爆发了"二月革命"，路易·菲利普的七月王朝轰然垮台。经历革命的分娩，法兰西第二共和国成立。然而，新生的共和国仅仅存在不足 4 年，就被共和国的总统路易·波拿巴以政变的方式亲手扼杀。马克思将 1848 年法兰西阶级斗争总结的历史经验运用到分析路易·波拿巴的革命事件中。恩格斯在《雾月十八日》1885 年版的第三版序言中指出，"此外还有另一个情况。正是马克思最先发现了重大的历史运动规律。根据这个规律，一切历史上的斗争，无论是在政治、宗教、哲学的领域中进行的，还是在其他意识形态领域中进行的，实际上只是或多或少明显地表现了各社会阶级的斗争，而这些阶级的存在以及

---

① 周勇胜：《〈雾月十八日〉与历史唯物主义》，陕西人民出版社 1987 年版，第 60 页。

它们之间的冲突，又为它们的经济状况的发展程度、它们的生产的性质和方式以及由生产所决定的交换的性质和方式所制约"①。这些阶级之间的斗争何以达到如此地步，是由其背后的"经济状况的发展程度"、"生产的性质和方式"和"由生产所决定的交换的性质和方式"②决定的，正是在此意义上，马克思掌握了解开法兰西阶级斗争"历史之谜"的钥匙。

一、政治派别纠葛背后的利益冲突与分化

法国的阶级结构复杂，在所有的欧洲国家中具有典型性。马克思深谙法国历史，对路易·波拿巴政治统治的阶级动因进行了具体而深入的政治经济学分析。马克思指出："把政治事件归结为最终是经济原因的作用。"③利益始终不受历史现实与情势的改变，政治事件受到历史总体逻辑的支配，因此马克思从现实生活来辨析法国利益的冲突和分化。"1848 年欧洲革命，虽然在不同程度上打击和动摇了封建制度的统治，但由于资产阶级的叛卖，很快就被欧洲旧社会势力镇压下去了。所以从表面上看来，这场革命简直是微不足道的，它只不过是又古老又腐朽的欧洲旧社会干硬外壳上的一些细小的裂口和缝隙。然而，这又是十分可怕的裂口和缝隙，因为它们暴露

---

① 《马克思恩格斯文集》第 4 卷，人民出版社 2009 年版，第 468 页。
② 《马克思恩格斯文集》第 2 卷，人民出版社 2009 年版，第 469 页。
③ 《马克思恩格斯文集》第 4 卷，人民出版社 2009 年版，第 532 页。

了欧洲旧社会内部隐藏着不可克服的深刻矛盾，人民革命的力量就象（像）一片汪洋大海，只要它动荡起来，就能把旧大陆撞得粉碎。"①恩格斯为《1848 年至 1850 年的法兰西阶级斗争》撰写的导言中指出，"的确，法国在 1851 年是遭受了一次小小的商业危机。2 月底，出口比 1850 年减少了；3 月，商业衰落，工厂关闭；4 月，各工业省的情况好像和二月事变后一样令人失望；5 月，情况还没有好转；6 月 28 日，法兰西银行的结算仍以存款数量猛增和贴现数量锐减表明了生产的停滞；直到 10 月中旬，情况才逐渐好转。法国资产阶级把这种商业停滞说成是纯粹由于政治原因，由于议会和行政权之间的斗争，由于临时政体的不稳定，由于 1852 年 5 月第二个星期日的可怕远景……波拿懂得这种喊声。债权人急躁情绪的日益增长，使得他的理解力更加敏锐。这些债权人发觉，每当太阳落山，总统任期的最后一天即 1852 年 5 月的第二个星期日就愈益临近，这是天上星辰的运行在反对他们的人间的票据。债权人变成了真正的占星家了。国民议会使波拿巴丧失了靠宪法来延长其掌权期限的希望，茹安维尔亲王的候选人资格已不允许他再犹豫动摇了"②。法国既有的社会条件构成法国政治革命的现实根基。政治同现实的关系如同"罗陀斯跳跃"，马克思深入政治的内在结构中解析政治派别的利益冲突与分化，坚

---

① 周勇胜：《〈雾月十八日〉与历史唯物主义》，陕西人民出版社 1987 年版，第 61 页。

②《马克思恩格斯文集》第 2 卷，人民出版社 2009 年版，第 551—553 页。

定地认为历史始终扎根于现实之中。对于法国这样一个国家而言，历史上任何一次阶级斗争借以表现出来的变换的政治形式，都在这里得到鲜明的展现①。也正是这一原因，对于马克思来说，法国极具案例分析的典型性，因而马克思特别热衷于研究法国过去的历史和时事的细节，从中发现历史的规律。

（一）无产阶级、资产阶级与流氓无产阶级

活跃在法国阶级斗争中的政治群体因经济状况的不同而产生分化并开展政治活动。不深入进行政治经济学分析，就难以破解波拿巴的统治之"谜"。细数法国波拿巴事件，其中的政治力量既有缺乏先进理论指导的无产阶级，也有资产阶级、流氓无产阶级等。

第一，无产阶级在与不同阶级的博弈中展现出阶级力量的局限性。无产阶级本应是最具革命性质的阶级，但受到对资产阶级抱有幻想的理论局限，期待"英雄"般的路易·波拿巴与无产阶级站在同一战线，对社会发展具有强烈的诉求和愿景。在马克思的笔下，无产阶级具有软弱性。无产阶级用宏伟的革命目标掩盖了革命策略的缺失。例如，无产阶级在壮阔宏伟的目标面前，首先选择的是退却，而只有退到退无可退的程度之时，才会爆发出惊人的革命力量。正如马克思本人所讲："这里是罗陀斯，就在这里跳跃吧！这里有玫瑰花，就在这里

---

① 《马克思恩格斯文集》第 2 卷，人民出版社 2009 年版，第 468 页。

跳舞吧！"①无产阶级缺乏面对现实的勇气，被资产阶级蒙蔽了双眼。可见，历史表面上看起来是"笑剧"，但其背后却隐藏着"悲喜剧"和资产阶级的"理性狡计"。

第二，法国的资产阶级内部派别复杂。马克思在这里用的是"中间阶级"（Mittelklasse），资产阶级内部并非整齐统一，而是由金融贵族、工业资产阶级、中间阶级、小资产阶级等构成的系统总和。需要指出的是，中间阶级并不全然等于资产阶级，它不仅包含 1848 年"二月革命"中的"金融贵族"和"工业资产阶级"，还包含"在强有力的政府治理下像温室中的花卉一样繁荣"②的"中间阶级"，即手工业者、小店主和一般商人等。一方面，资产阶级害怕无产阶级无法从"根本上"解决"劳动支配权"问题。资产阶级的软弱性使其将革命成果拱手让给了波拿巴政府，当资产阶级各集团为争夺最高权力而相互攻击时，他们会将武器分发给人民；但在人民联合起来对抗他们建立的专政之时，他们必定会试图从人民手中重新夺回这些武器。另一方面，小资产者、小农阶级与农民阶级共同构成了法国社会的中间阶层。马克思在《共产主义者同盟中央委员会告同盟书》中曾指出，"就这一点而言，他们是一个阶级。而各个小农彼此间只存在地域的联系，他们利益的同一性并不使他们彼此间形成共同关系，形成全国性的联系，形成

①《马克思恩格斯文集》第 2 卷，人民出版社 2009 年版，第 474 页。
②《马克思恩格斯文集》第 2 卷，人民出版社 2009 年版，第 575 页。

政治组织，就这一点而言，他们又不是一个阶级。因此，他们不能以自己的名义来保护自己的阶级利益，无论是通过议会或通过国民公会。他们不能代表自己，一定要别人来代表他们。他们的代表一定要同时是他们的主宰，是高高站在他们上面的权威，是不受限制的政府权力，这种权力保护他们不受其他阶级侵犯，并从上面赐给他们雨水和阳光。所以，归根到底，小农的政治影响表现为行政权支配社会"①。

流氓无产阶级作为重要分支，是社会流动中十分不稳定的阶级因素。马克思着墨众多来描述流氓无产阶级，指出他们是由各阶级中处于淘汰角色的"渣滓、残屑和糟粕"②所组成的阶级。流氓无产阶级没有自己的生产资料，也不肯通过劳动供养自己，而是以偷盗、欺骗、抢劫等手段谋生。路易·波拿巴是"流氓无产阶级的首领"③，但农民阶级将其视为另一个拿破仑，而马克思尖锐地指出，"在这个团体里，除了一些生计可疑和来历不明的破落放荡者，除了资产阶级中的败类和冒险分子，就是一些流氓、退伍的士兵、释放的刑事犯、脱逃的劳役犯、骗子、卖艺人、游民、扒手、玩魔术的、赌棍、皮条客、妓院老板、挑夫、下流作家、拉琴卖唱的、捡破烂的、磨刀的、补锅的、叫花子，一句话，就是被法国人称做浪荡游民的那个完全不固定的、不得不只身四处漂泊的人群。波拿巴把

---

① 《马克思恩格斯文集》第 2 卷，人民出版社 2009 年版，第 567 页。
② 《马克思恩格斯文集》第 2 卷，人民出版社 2009 年版，第 523 页。
③ 《马克思恩格斯文集》第 2 卷，人民出版社 2009 年版，第 523 页。

这些跟他同类的分子组成十二月十日会即'慈善会'的核心，因为这个团体的所有成员都和波拿巴一样感到自己需要靠国内的劳动群众来周济"①。

（二）党派纷争：政党背后代表的物质利益不同

马克思阐明，各个阶级之间、同一阶级不同集团之间的斗争有着深刻的经济动因和现实土壤。受传统教育所获取的"情感"和"观点"支配的个人，将自我所拥有的"独特的情感、幻想、思想方式和人生观"②作为实践行为的真实动机和出发点，而不能通过表层现象洞察到物质利益本质。马克思揭示出统治者背后隐秘的经济操控机制，在他看来，正是生产关系及其经济权力上的剥夺性，导致了政治上的不平等与阶级压迫。他指出，"整个阶级在其物质条件和相应的社会关系的基础上创造和构成这一切"③，必须从财产形式、社会生存条件等"当前的经济事实"出发，探究整个物质条件及与此条件相适应的社会关系。

马克思将法国资产阶级分为三个派别：共和派、秩序党（包括正统派和奥尔良派）以及波拿巴派④。共和派代表了资

①《马克思恩格斯文集》第 2 卷，人民出版社 2009 年版，第 523 页。
②《马克思恩格斯文集》第 2 卷，人民出版社 2009 年版，第 498 页。
③《马克思恩格斯文集》第 2 卷，人民出版社 2009 年版，第 498 页。
④ 梅荣政：《用唯物史观生动描述和精辟分析重大历史事件的科学典范——马克思：〈路易·波拿巴的雾月十八日〉（节选）研读》，《思想理论教育导刊》2011 年第 3 期。

产阶级的普遍愿望和需求，他们的目标是将资产阶级统治的不成熟形式——君主制——转变为成熟的共和国。秩序党则是大资产阶级的政治代言人，他们致力于维护旧秩序，反对任何可能损害他们物质利益的变革，也反对资产阶级的普遍利益。波拿巴派则代表了资产阶级的独裁行政权力，他们反对共和国的政治体制。马克思在分析金融贵族复辟时指出："还有谁比雇主，即工业资本家更直接受到工人的威胁呢？所以在法国，工厂主必然成为秩序党中最狂热的分子。诚然，金融巨头是在削减他们的利润，但是这和无产阶级消灭利润比起来，又算得了什么呢？"①历史清楚地表明，当时欧洲的经济发展水平还远未达到能够废除资本主义生产方式的程度。因此，当共和派资产阶级感到成熟的共和国形式不足以有效镇压无产阶级时，他们就会选择退回到不完备的形式之前，放弃议会权力，转而赋予行政机关巨大的权力，采取更加残暴的专制统治方式。

在法兰西第二共和国的历史中，秩序党占有十分关键的地位。秩序党的核心力量是王朝的保皇集团——正统派和奥尔良派。正统派代表大地主的利益，而奥尔良派代表的是金融贵族和大工业资产阶级的利益。秩序党人游移在两个党派之间，但是结果始终是徒劳无功的。因为"他们并不了解使两个保皇集团彼此分离的不仅仅由于对旧的王室的眷恋和对保皇主义的信仰，而更重要的还是农村和城市之间旧有的对立，由于资本

---

① 《马克思恩格斯文集》第 2 卷，人民出版社 2009 年版，第 155 页。

和地产之间的竞争"①。秩序党人看不清政治表象背后所隐藏的实际物质利益，通过幻想、偏见、信条和原则洞察各党派的真正动机和真实本质，无疑会产生种种错误判断。在秩序党建立了立法国民议会并同时控制了行政权和立法权之后，新的保守派资产阶级专制政权摧毁了反专制的国民自卫军。专制政权的建立导致了专制者内部的分裂，世袭地主和金融新贵都在试图恢复自己的统治地位，并使对方处于次要地位②。总统路易·波拿巴利用恢复普选权的机会，借助农民阶级的支持恢复了拿破仑帝国。秩序党是由地主和金融资本家组成的联盟，他们借助军队和警察的力量，将国家置于社会之上，并将社会置于自己的控制之下。

马克思在考察法国各阶级及其政党的成败兴衰时，深入地揭示了他们赖以存在的经济基础。实际上，人们的"真实动机和出发点"恰恰是由自身所处的阶级地位所代表的物质利益决定的。路易·波拿巴的胜利不是政权的转移，而是代表资产阶级独裁专政的行政权力的胜利。正统派和奥尔良派是秩序党中的两个大集团，但是它们彼此分离，"决不是由于什么所谓的原则，而是由于各自的物质生存条件"③，即资本和地产之间的差别。资产阶级在不同时期可以根据不同情况采取不同的

---

① 周勇胜：《〈雾月十八日〉与历史唯物主义》，陕西人民出版社 1987 年版，第 68—69 页。

②《马克思恩格斯文集》第 2 卷，人民出版社 2009 年版，第 499 页。

③《马克思恩格斯文集》第 2 卷，人民出版社 2009 年版，第 498 页。

统治形式。路易·波拿巴和秩序党对资产阶级共和派的胜利，是法国资产阶级结束革命、开始走向全面反动的标志。

（三）政治斗争背后的社会物质利益的博弈

《雾月十八日》通过具体的历史事件生动地展现了政治斗争背后的物质利益博弈，从而验证了马克思关于唯物史观基本原则的经典论述。恩格斯在《法国的改革运动》中指出，"然而他们从 1830 年的经验中懂得，单靠武装斗争是不够的；在击溃敌人以后还必须采取措施来巩固自己的胜利，这些措施不仅要摧毁资本的政治力量而且还要摧毁它的社会力量，不仅要保证工人的政治力量而且还要保证他们的社会福利"①。因此，在耐心等待革命时机的同时，巴黎工人必须深刻理解社会经济问题的经济本质，揭示政治斗争背后的社会物质利益需求。

马克思关注的焦点在于，路易·波拿巴政变这一政治权谋得以产生的条件。无论是流氓无产者还是农民阶层，马克思对不同阶层的生活遭遇的分析，都揭示了政治角色之间勾连的本质规定性。这意味着马克思认识到，路易·波拿巴在众多政治斗争中取得成功的全部秘密在于，作为一个在各大党派之外游弋的政治人物，路易·波拿巴并不代表任何物质利益群体。换言之，路易·波拿巴并不试图代表任何一个物质利益群体，而

---

① 《马克思恩格斯文集》第 4 卷，人民出版社 2009 年版，第 401 页。

这种没有任何物质利益诉求的空洞能指，恰恰使其成为流氓无产者与农民阶层这两个同样没有统一物质利益的群体所寻找的代表[①]。马克思在"六月革命"中看到的是真正的社会化的人类解放，这种解放超越了《论犹太人问题》中所提出的政治解放，体现了《雾月十八日》背后所隐藏的社会属性。这一社会属性本质化为物质利益诉求，即各派别的各色生活方式，最终影响并决定了表面现象的政治斗争。

二、小块土地所有制与"拿破仑观念"的根深蒂固

在法国农民问题上，马克思的农民思想建构和法国革命实践之间的关系究竟是怎样的？"实质上是对现实的利益如何主导政治进程的历史批判。"[②]在这一历史事变中，"拿破仑观念"起到了重要作用。"拿破仑观念"是不发达的、小块土地所有制的传统观念，它在经济允许的范围内和特定经济发展状况下起决定性作用，在"一定条件"下关系到法国阶级斗争的对抗情势和社会结构。

---

① 夏莹：《从政治到社会：马克思走向历史具体的基本路径——〈路易·波拿巴的雾月十八日〉的当代阐释》，《吉林大学社会科学学报》2021年第1期。
② 涂良川、王珊珊：《〈路易·波拿巴的雾月十八日〉历史分析的政治哲学叙事》，《吉林大学社会科学学报》2021年第1期。

（一）小块土地所有制基础是法国历代王朝素来的经济基础

农民的土地问题，始终是近代法国革命的主要问题。1799 年宪法加强了对所有权的保护，《法国民法典》以法典形式规定小农土地所有制的合法性，规定土地上所得归土地所有者所有，保护农民的小块土地。1800—1804 年，拿破仑亲自主导了《法国民法典》的编纂工作，该法典详尽地规定了资本主义财产制度，并确保私有财产不受侵犯。该法典通过巩固小块土地所有制，保障了农民能够获得小块土地。在这一历史背景下，法国农民形成了对拿破仑的特定观念。列宁曾经指出，"人们常常援引法国人在 1792—1793 年所表现的英勇爱国精神和军事义勇奇迹。但是，他们常常忘记了当时唯一可能造成这种奇迹的物质条件和历史、经济条件。用真正革命的手段摧毁过时的封建制度，使全国过渡到更高的生产方式，过渡到自由的农民土地占有制，并且以真正革命民主主义的速度、果断手段、毅力和忘我的精神来实现这种过渡，——这就是那些用'神奇'速度挽救了法国，把它的经济基础加以改造、加以革新的物质经济条件"①。列宁的这段论述进一步确认了小农经济的物质基础，并强调了小块土地所有制在法国历史上的核心地位。

①《列宁全集》第 25 卷，人民出版社 1958 年版，第 351 页。

小块土地所有制一定程度上构成小农阶层具有历史局限性的物质动因。在法国，小农阶级人数众多，占法国社会 3/4 的人口。法国小农阶级以小土地所有制为生产方式，其最大的特点就是狭隘性，这一狭隘性体现在土地面积和生产规模两个方面。一方面，农民以土地为生，而小块土地所有制导致土地肥力分散，造成土地肥力的流失和生产力的下降；另一方面，马克思还指出，"小块土地所有制的经济发展根本改变了农民与其他社会阶级的关系"①。小块土地所有制造成全国范围内各种关系的同一化和个体之间的趋同。小农阶级的生存维系于土地之上，以家庭为生产单位，没有大规模的分工，必然形成保守的思维。由于缺少社会生产关系之间的有效交往，生产方式的狭隘性导致小农阶级内部之间的利益很少重叠，难以形成广泛的社会联系，生产力的发展十分缓慢。小块土地生产规模狭小，经营管理落后，缺乏任何专业化的分工和科学的应用。农民直接生产出自给自足的生活资料，缺乏分工与交往，不利于现代社会的形成。特殊的经济条件导致各个小农之间缺乏必要的生活联系和社会关系，以致小农固守旧制度，他们期待帝国亡灵拯救自己的特权地位。

　　小块土地所有制加速了立基其上的国家建筑物的倒塌。小块土地所有制在拿破仑统治时期曾经起到了关键作用，"农村土地的小块化补充了城市中的自由竞争和正在兴起的大工

---

　　①《马克思恩格斯文集》第 2 卷，人民出版社 2009 年版，第 569 页。

业"①。然而，私有制幻象和物质秩序束缚小农，小农的土地肩负资本加于其身的抵押债务和赋税，承受官僚、军队、教士和宫廷的负担，再加上持续不断的欧洲战争、扩大的征税需求、稳固内部秩序的需要，这些因素共同催生了强大无比的中央集权制。正如马克思在其著作中所阐述的那样，"不能代表自己，一定要别人来代表他们。他们的代表一定要同时是他们的主宰，是高高站在他们上面的权威，是不受限制的政府权力，这种权力保护他们不受其他阶级侵犯，并从上面赐给他们雨水和阳光"②。在 19 世纪初，拿破仑时期的所有制结构曾被视为法国居民解放和经济繁荣的条件，然而随着时间的推移，这种所有制结构转变为对农民的法律束缚，导致他们遭受奴役和贫困。

（二）"拿破仑观念"是路易·波拿巴达到政治目的的重要手段

1839 年，流亡海外的路易·波拿巴于 31 岁之际出版了《拿破仑观念》一书。在这部著作中，他系统性地整理并阐释了其伯父拿破仑的治国理念，并全面地阐述了"波拿巴主义"。该书共分为七个章节，涉及政府总论、观念总论、内政

①《马克思恩格斯文集》第 2 卷，人民出版社 2009 年版，第 569 页。
②《马克思恩格斯文集》第 2 卷，人民出版社 2009 年版，第 567 页。

问题、对外问题、帝国的目标、帝国衰落的原因等主题①。路易·波拿巴在书中将拿破仑与古罗马皇帝凯撒相提并论，认为两者均在旧有政治形态中注入了新的原则。面对旧社会结构，拿破仑的任务是重新整合国内力量，依据平等、秩序和法治的原则重构国家，以应对和解决政党、宗教和学术团体的分裂问题，建立全新的现代社会秩序。拿破仑旨在建立一个区别于贵族制的民主国家，其中行政首脑代表人民掌握政府权力，权威集中于一人，帝国的行政机构亦遵循中央集权原则进行组织。

在此基础上，路易·波拿巴以"拿破仑观念"来统摄小农阶级。"拿破仑观念"是 19 世纪上半叶法国小农阶级的一种落后思想倾向，深植于小块土地所有制的土壤之中，反映了农民的幻想。马克思明确指出，"波拿巴王朝所代表的不是革命的农民，而是保守的农民，不是力求摆脱其社会生存条件即小块土地的农民，而是想巩固这种条件的农民"②。"拿破仑观念"体现在以下四个方面：第一，以法律形式表现，1804 年颁布的《民法典》保护资产阶级所有制的同时，也以立法形式固定了小农土地所有制，确认了农民自由经营小块土地的合法权利；第二，以国家权力形式凸显，拿破仑时代小块土地所有制对消除封建制度的剥削，起到了积极作用，但随着时间的推移，强有力的政府和繁重的赋税成为对抗小农土地所有制的武

---

① 郑寰、潘丹：《〈路易·波拿巴的雾月十八日〉导读》，中共中央党校出版社 2018 年版，第 124 页。
②《马克思恩格斯文集》第 2 卷，人民出版社 2009 年版，第 567 页。

器；第三，以教士的面目出现，教士成为政府的统治工具，拿破仑为巩固独裁统治而与罗马教廷签订宗教条约，规定教会完全服从国家，宣布天主教为法国大众的宗教，而在波拿巴时期，教士不再是保护小块土地所有制的力量，而是将农民作为利益的牺牲品；第四，以军队施压农民，拿破仑时期军队保护农民小块土地所有制，而波拿巴时期，军队成为执行宪兵职务、围捕负债累累小农的强盗。

路易·波拿巴利用"拿破仑观念"背后隐藏着的恢复帝国的政治诉求，来实现自己的政治目的。马克思指出，"以为农民破产的原因不应在小块土地所有制中去探求，而应在这种土地所有制之外，在一些次要情况的影响中去探求，那么，他的实验一碰上生产关系，就会像肥皂泡一样破灭"①。路易·波拿巴之所以能够胜利，是因为得到了法国社会中人数最多的一个阶级，即小农阶级的支持。农民将拿破仑一世视为救世主，认为帝国时期的小土地所有制是永世福音，他们渴望回到帝国时期，希望在强大行政权的"呵护"下守着小块土地安稳度日。小农的政治影响体现为行政权支配社会。1848 年全国选举共和国总统时，波拿巴派的宣传画展现了一个人鬼鬼祟祟地对农民耳语，如果他们爱自己的妻子、家、土地、牝马和奶牛，就应该投"路易·波拿巴"的票。这幅画具有强大的现实冲击力，直击小农的内心。波拿巴了解农民的恐惧和需求，利

---

① 《马克思恩格斯文集》第 2 卷，人民出版社 2009 年版，第 569 页。

用"拿破仑一世的侄子"身份大肆宣扬"拿破仑观念"，将自己包装为拿破仑帝国的继承者，赢得了小农阶级的拥护。他向农民承诺保护他们的小块土地。因此，小农阶级及他们赖以生存的小土地所有制为路易·波拿巴政变提供了重要的物质条件，并由此构成波拿巴王朝庞大的经济基础，支撑着波拿巴王朝全部的国家上层建筑。

"拿破仑观念"具有根深蒂固的经济根源，马克思通过层层分析，将头足倒置的历史现象重新正立。马克思阐明，"一切'拿破仑观念'都是不发达的、朝气蓬勃的小块土地所产生的观念；对于已经衰老的小块土地说来，这些观念是荒谬的，只是它垂死挣扎时的幻觉，只是变成了空话的词句，只是变成了幽灵的魂魄"①。

三、拿破仑复辟的军事官僚机器

马克思考察了法国军事官僚机器的形成历史和经济关系。法国军事官僚机器是封建专制制度的产物。拿破仑第一帝国改进了国家机器，波旁王朝和七月王朝细化了国家的分工，资产阶级在 1848 年"二月革命"后进一步使得国家机器更为健全。在法兰西第二帝国初期，军事官僚机器更为庞大，已拥有的官吏队伍和军队数量各有 50 万人。拿破仑复辟的军事官

①《马克思恩格斯文集》第 2 卷，人民出版社 2009 年版，第 572—573 页。

僚机器以社会经济关系为基础。恩格斯在《1848 年至 1850 年的法兰西阶级斗争》导言中写道，"1851 年的向帝制倒退，又一次证明那时无产阶级的意愿还不成熟。但是向帝制倒退本身必定会造成使无产阶级的意愿成熟起来的条件。内部安宁为新的工业繁荣的充分发展提供了保证；由于需要使军队有事可做，并且由于需要将革命潮流引开，使之关注国外，结果就产生了战争，而波拿巴就利用这些战争，借口实现'民族原则'千方百计为法国兼并领土"①。

军队在建立军事官僚机器过程中起到了特殊作用，成为路易·波拿巴重点关注的对象。波拿巴表里不一、诡计多端。军队占领了巴黎的议会大厦等重要据点，并于次日早晨在墙上张贴告示，宣告国民议会和国务会议已被解散；路易·波拿巴把自己同伯父拿破仑相联系，利用拿破仑家族的噱头欺骗军队和民众，政变成功后便降低了其利用比率；为满足个人企图，蛊惑士兵去完成他伯父的未竟事业；路易·波拿巴自称社会主义者，以赢得工人和民主派支持，诱骗民众在思想上与其保持一致；为此雨果尖锐地讽刺波拿巴："这只满身污泥的猪猡，是怎样蜷缩在这块雄狮皮上的呀！"②在政治策略的另一层面，路易·波拿巴采取了物质激励的手段来获取支持。在1848 年总统竞选前夕，路易·波拿巴通过财政手段对军队施

---

① 《马克思恩格斯文集》第 4 卷，人民出版社 2009 年版，第 541 页。
② [法]维克多·雨果：《一桩罪行的始末》，丁世忠，等译，译林出版社 2013 年版，第 121 页。

加了影响，承诺向士兵提供额外的金钱以确保他们的忠诚。路易·波拿巴的支持者们公然聚集，将军事荣誉视为可交易的商品，向将军和普通士兵分别给予不同的金钱诱惑，以此来购买法军的忠诚。对于渔民群体和农民群体，路易·波拿巴同样运用了金钱策略。在波拿巴的巡回访问中，他携带着装满金钱的钱袋，只要渔民和农民高呼"皇帝万岁"，他便慷慨地向他们撒钱。此外，波拿巴还通过财政激励手段影响议员和部分行政领导，试图在公众中营造一种印象：只要他们支持波拿巴并公开宣布其支持立场，就会根据其支持的力度获得相应的金钱回报。

这种策略不仅涉及对个人荣誉和道德的货币化，而且反映了波拿巴通过经济手段操纵政治以获得支持的企图。通过这种方式，波拿巴试图营造一种政治氛围，即个人的忠诚和支持是可以通过金钱来衡量和购买的，但这种做法在政治伦理和道德上是值得商榷的。

路易·波拿巴手中庞大的军事官僚机器"复杂而巧妙"[①]，建立在同工商业资产阶级的媾和和对农民拥有土地的渴望的彻底欺骗基础上。一方面，波拿巴的独裁统治，是具有反动性和侵略性的资产阶级统治形式。波拿巴的军事官僚机器延续于旧有的国家机器。在 1848 年巴黎工人阶级的"六月革命"中，资产阶级共和派专政采取了镇压手段，这一行动显著强化了政

---

① 《马克思恩格斯文集》第 2 卷，人民出版社 2009 年版，第 564 页。

府权力的集中化趋势。面对无产阶级及其他被压迫阶级的斗争，资产阶级共和派放弃了议会权力，转而赋予行政机关更大的权力，依赖军事和官僚机构来巩固其统治地位，从而为波拿巴后来利用官僚机构获得政治地位奠定了基础。常备军和官僚机构是中央集权的资产阶级国家的主要特征，它们通过镇压社会特别是被压迫阶级的不满和反抗，以维护资产阶级的政治利益。此外，资产阶级国家机器通过安插亲信、提供高额薪俸和给予各种形式的政府补贴等手段，使资产阶级以利润、利息、地租和酬金等形式获得了以前从未得到的利益。波拿巴在发展中央集权的同时，也增加了政府权力的容量、改变了其属性并扩大了帮手的数目。在 1851 年 12 月发动政变并实行独裁统治之后，波拿巴利用行政权力剥夺了议会权力，使得国家机器似乎成为一个完全独立于社会之上的力量。这一过程不仅标志着行政权力对议会权力的取代，也体现了国家机器在政治和社会生活中角色的转变，并进一步巩固了资产阶级的统治地位。另一方面，农民被波拿巴玩弄。马克思指出，"波拿巴王朝所代表的不是农民的开化，而是农民的迷信；不是农民的理智，而是农民的偏见；不是农民的未来，而是农民的过去"①。波拿巴巧妙地利用农民对自己的信任，甚至公然愚弄农民。在马克思看来，促使农民革命化，就要打破农民对波拿巴的幻想，使他们日益清醒地认识到他们和资产阶级的利益是根本对立的，

①《马克思恩格斯文集》第 2 卷，人民出版社 2009 年版，第 568 页。

只有无产阶级政权才能给他们带来真正利益，并应该同工人阶级采取一致的行动。

可见，波拿巴复辟的军事官僚体系开历史的倒车，将国家和市民社会重新结合在一起。该行政权力依托于一个庞大的官僚体系和军事体系，配备了复杂而精细的国家机器，国家机器包括约 50 万名官僚和约 50 万名军人。这一寄生体系，如同一张密布的网，缠绕住法国社会并阻塞了其每一个毛孔，其起源可追溯至专制君主时代，特别是在封建制度瓦解的时期，同时，"又加速了封建制度的崩溃"①。市民社会的稳定与发展在很大程度上依赖于工业和商业的自主性，正如马克思所指出的："工业和商业，即中等阶级的事业，应该在强有力的政府治理下像温室中的花卉一样繁荣。"②然而，在波拿巴的统治下，经济社会秩序陷入了"全面混乱状态"，以恢复秩序为名引发的无政府状态，不仅使整个国家机器失去了其神圣性，而且亵渎了它，使其变成了令人厌恶和可笑的存在。因此，波拿巴破坏了市民社会的自主发展。基于此，马克思在《雾月十八日》中的理论追求在于，恢复市民社会的健康发展，推动市民社会与国家之间的合理分化，并促使其共同发展。马克思的这一理论旨趣强调了市民社会自主性的重要性，并指出了波拿巴政权对市民社会自主发展造成的破坏，从而揭示了市民社会与

---

① 《马克思恩格斯文集》第 2 卷，人民出版社 2009 年版，第 564 页。
② 《马克思恩格斯文集》第 2 卷，人民出版社 2009 年版，第 575 页。

国家之间合理分化的必要性，以及这种分化对于社会整体健康发展的重要影响。通过分析波拿巴政权下的社会经济状况，马克思揭示了国家机器对市民社会的压迫和控制，以及这种压迫对市民社会健康发展的负面影响。

对无产阶级国家机器的改造，必须从所有制形式和生产关系的根本层面着手。事实上，马克思对国家机器的看法经历了一个历史性的过程。在对法国资产阶级国家本质的分析中，马克思的观点从最初的"打碎"转变为认识到掌握国家机器并非简单易行。历史上的资产阶级革命并未触及绝对君主制时代所形成的军事官僚体系，反而将其视为革命的主要成果。与此相反，无产阶级革命则必须集中其全部的颠覆力量来摧毁旧有的国家机器。1871 年 4 月 12 日，马克思在给路德维希·库格曼的信中阐述了"打碎"旧国家机器的思想，他指出，"大陆上任何一次真正的人民革命的先决条件"[1]都是将继承而来的官僚军事机器"打碎"，马克思在《法兰西内战》中反思道："工人阶级不能简单地掌握现成的国家机器，并运用它来达到自己的目的。"[2]马克思和恩格斯基于巴黎公社的经验认为，"帝国的直接对立物就是公社。巴黎无产阶级在宣布二月革命时所呼喊的'社会共和国'口号，的确是但也仅仅是表现出这样一种模糊的意向，即要求建立一个不但取代阶级统治的君主

---

①《马克思恩格斯文集》第 10 卷，人民出版社 2009 年版，第 352 页。
②《马克思恩格斯文集》第 3 卷，人民出版社 2009 年版，第 151 页。

制形式、而且取代阶级统治本身的共和国。公社正是这个共和国的毫不含糊的形式。既是旧政权中央政府所在地同时又是法国工人阶级社会大本营的巴黎，手执武器奋起反抗了梯也尔和乡绅议员们恢复并巩固帝国留给他们的这个旧政权的企图。巴黎所以能够反抗，只是由于被围困使它摆脱了军队并用主要由工人组成的国民自卫军来代替它。现在必须使这一事实成为制度，所以，公社的第一个法令就是废除常备军而代之以武装的人民"①。因此，无产阶级必须建立自己的政权机构以取代统治阶级的国家机器。由此可见，马克思始终坚持认为，"他们知道，为了谋求自己的解放，并同时创造出现代社会在本身经济因素作用下不可遏止地向其趋归的那种更高形式，他们必须经过长期的斗争，必须经过一系列将把环境和人都加以改造的历史过程。工人阶级不是要实现什么理想，而只是要解放那些由旧的正在崩溃的资产阶级社会本身孕育着的新社会因素"②。这一观点强调了无产阶级革命在国家机器转型中必须具有的彻底性和深刻性，以及在所有权和生产关系上进行根本改革的必要性。

---

①《马克思恩格斯文集》第 3 卷，人民出版社 2009 年版，第 151—152 页。
②《马克思恩格斯文集》第 3 卷，人民出版社 2009 年版，第 159 页。

第六章　波拿巴历史闹剧中法国各社会阶级的"众生相"

在《雾月十八日》中，马克思历史视角呈示的一个重中之重，就是在记叙路易·波拿巴政变闹剧的前前后后，描述法国各个社会阶级在其中呈现出的形形色色的"众生相"。无产阶级由于缺乏科学理论的指引，同时又未能凝聚有效的力量，虽然在革命斗争中展现出英勇无畏的精神，但最终被反动势力联合镇压，退出了法兰西共和国的政治舞台中心。有产者受限于狭隘的眼光，为了维护自身利益，各党派之间相互斗争、倾轧与媾和，背弃了曾经的民主理想，试图通过妥协和联合来保全自身的权力和地位。然而，这种短视的行为导致了他们的最终失败。流氓无产阶级则如同墙头草，随意倒向给予自己利益的一方，他们因临时政府的收买而抛弃无产阶级，又因波拿巴所许诺的财富和权力而支持其独裁统治。小农阶级的局限性表现为他们在这场闹剧中显得尤为无奈和被动，他们在波拿巴的虚假承诺和暴力镇压下挣扎，始终难以掌握自己的命运。在波拿巴的历史舞台上，有产者、无产阶级、流氓无产阶级和小农阶级各自上演着自己的悲喜剧。波拿巴通过操纵和利用各个阶级的弱点与需求，成功地维持了自己的独裁统治，而各个阶级在这一过程中失去了自主性和主体性，成为波拿巴权力扩张的工具和牺牲品。

一、工人运动的无畏与稚嫩

伴随着资本主义生产方式的快速发展，在 1848 年法国"二月革命"中，无产阶级已站在历史舞台的中央。从"二月革命"结束到建立共和国期间，无产阶级已开始按照自身作为革命阶级的身份，与资产阶级展开较量。虽然他们的视野已经超越了资产阶级的狭隘眼界，但在马克思看来，无产阶级在斗争中仍然表现出稚嫩和不成熟的一面。在"二月革命"之后，资产阶级临时政府组建国家工场，旨在削弱路易·勃朗有关组织劳动者思想在工人中的影响力，并试图利用军事手段控制的国家工场内部员工来对抗无产阶级革命。"国家工场是无产阶级反对资产阶级工业，反对资产阶级信用和反对资产阶级共和国的具体表现。"[1]然而，这一分裂工人阶级的计划并未奏效。革命不满情绪在国家工场中持续升温，资产阶级把自身的贫困归咎于国家工场的发展、卢森堡委员会的各种举措以及巴黎无产阶级的示威活动。因此，资产阶级开始攻击国家工场，并采取一系列措施来阻挠工人进入国家工场，压低他们的薪

---

① 《马克思恩格斯文集》第 2 卷，人民出版社 2009 年版，第 97 页。

资，甚至将未婚的工人直接驱逐或收编进军队。这些举措引发了工人阶级的极大不满，他们的生活每况愈下，没有任何选择的余地，"不是饿死，就是斗争"①。终于在 6 月 22 日，临时政府颁布了激怒无产阶级的法令，关闭了国家工场。这一举动引发了无产阶级的抵抗，他们纷纷拿起武器，爆发了大规模的斗争。然而，此时的无产阶级并没有争取小资产阶级和农民阶级的支持，而是仅仅以一种"俱乐部"的形式进行斗争，幻想完全依靠工人阶级的力量与整个资产阶级对抗。这导致大资产阶级、小资产阶级、农民阶级等都全力支持资产阶级共和国，而"站在巴黎无产阶级方面的却只有它自己"②。这种孤立无援的局面，注定了无产阶级斗争的失败。最终，在卡芬雅克领导的资产阶级的镇压下，无产阶级的反抗遭到血腥镇压，3000 多人被屠杀，15 000 人没有经过审判就被放逐。这场革命虽然展示出无产阶级的英勇斗争精神，但最终还是以失败告终，"退到革命舞台的后台去了"③。

　　法国的革命以推翻封建帝制为起点，又以路易·波拿巴的复辟为终点。这一历史阶段混杂着封建社会的经济基础、资本主义的经济形式以及初露头角的社会主义发展要求。社会生产发展变革有其自身的内在规律，生产力的提升推动生产关系的适应性变革，二者之间的矛盾推动社会形态不断变化发展。在

---

①《马克思恩格斯文集》第 2 卷，人民出版社 2009 年版，第 101 页。
②《马克思恩格斯文集》第 2 卷，人民出版社 2009 年版，第 478 页。
③《马克思恩格斯文集》第 2 卷，人民出版社 2009 年版，第 478 页。

这一过程中，无产阶级力量的壮大发展离不开当时法国大工业的发展。马克思指出："只有工业资产阶级的统治才能铲除封建社会的物质根底，并且铺平无产阶级革命唯一能借以实现的地基。"①这意味着，无产阶级的革命力量只有在工业资产阶级的发展过程中才能逐渐壮大。然而，法国工业资产阶级并没有取得对法国的完全统治。在巴黎，工业资产阶级得到了较快发展，无产阶级也逐渐积聚力量，具备了进行革命的实际能力。而在其他地方，"无产阶级只是集聚在一个个零散的工业中心，几乎完全消失在占压倒多数的农民和小资产阶级中间"②。农民和小资产阶级在经济和政治上仍然占据着重要地位，他们的存在使得无产阶级难以形成统一的革命力量。由于缺乏建立适应自身解放斗争需求的现代物质基础，无产阶级无法进一步壮大自身力量，更无法在法国实现整体联合，从而导致自身阶级实力不足。

无产阶级在推进革命的过程中，由于缺乏科学理论指导，价值观受到资产阶级思想的影响，表现出鲜明的不彻底性。虽然工人阶级在革命中发挥了重要作用，但在后来组建临时政府时，工人代表却仅仅只有路易·勃朗和阿尔伯两人。面对维护自身利益的两万工人群众的示威，资产阶级畏惧工人的力量，在设立卢森堡委员会的问题上勉强应许，虽然表面上看

①《马克思恩格斯文集》第 2 卷，人民出版社 2009 年版，第 88 页。
②《马克思恩格斯文集》第 2 卷，人民出版社 2009 年版，第 89 页。

似乎是为了维护工人利益，实际上却是将工人排除在政权之外，从而将国家权力牢牢掌握在资产阶级手中。无产阶级为了保障自身的合法权利，提议建立"劳动部"，幻想着依靠这一看似具有社会主义特点的部门能保障自身权益。然而，在马克思看来，这些措施仅仅是资产阶级的改良，工人阶级只是在想象中超出资产阶级的范围，所有的实际行动依旧是为资产阶级服务。资产阶级通过这些表面上的让步，巧妙地维持了统治地位，避免了革命力量的真正壮大。此外，1850 年，巴黎的工商业实现蓬勃发展，为广大无产阶级提供了充足的就业机会。由于生活条件得到一定程度的改善，许多无产阶级对现有的利益感到满足，忽视了长远利益和革命理想，进而导致普选权被废除，并助长了波拿巴派的气焰。正如马克思所说，"不去利用旧世界自身所具有的一切强大手段来推翻旧世界，却企图躲在社会背后，用私人的办法，在自身的有限的生存条件的范围内实现自身的解救，因此必然是要失败的"①。

　　无产阶级没有团结有效的革命力量，致使自己形单影只，难以取得斗争胜利。历史的发展从来不是个人或某阶级、团体的独角戏，而是"一种合唱"，由多种阶级力量共同创造，"若没有这种合唱，它在一切农民国度中的独唱是不免要变成孤鸿哀鸣的"②。随着资本主义的不断深入发展，资本主

---

① 《马克思恩格斯文集》第 2 卷，人民出版社 2009 年版，第 478 页。
② 《马克思恩格斯文集》第 2 卷，人民出版社 2009 年版，第 573 页。

义固有的内在矛盾日渐尖锐，小资产阶级作为中间阶级必将发生两种分化。一部分人获得发展机遇，转变为大资产阶级，享有更高的社会地位和经济利益；另一部分人则在竞争中失利，破产并最终沦落为无产阶级，成为被剥削和被压迫的对象。除此之外，农民阶级是无产阶级最可靠的盟友。在当时的法国，农民占人口的绝大多数，拥有庞大的人口基数和一定的生产基础，能够为无产阶级革命提供重要的支持。农民阶级和无产阶级都受到资本主义的沉重剥削，农民阶级同样有推翻资产阶级、实现本阶级解放的愿望。农民的参与不仅可以扩大革命的社会基础，还能够形成强大的群众运动，推动革命进程的深入发展。二者在斗争目标上具有契合性，只有充分联合农民的力量，才能实现推翻资产阶级统治的任务。

总之，无产阶级的失败不仅是由于他们在斗争中的稚嫩和不成熟，更是因为他们缺乏对自身社会地位的清醒认识，未能有效地联合其他被压迫阶级，共同对抗资产阶级的统治。这一阶段的无产阶级无法正确认识当前的社会情况和环境，只能使美好的幻想流逝于复杂的现实，难以实现真正的自由发展和解放。

二、有产者的虚假面目

在法国革命中，有产者扮演了一个重要角色。尽管他们积极地加入斗争，并表面上对民众利益给予关注，并支持平等权利的立场，但实际上却隐藏着对自身特权地位极为珍视的私心。在随后的政治化进程中，包括资产阶级共和派、小资产阶级民主派、秩序党和波拿巴主义者等在内的有产者群体往往缺乏坚定决断和道义担当，在政治斗争中表现出懦弱性格和短视行径，终将导致资产阶级社会秩序解体的局面。正因为如此，在 1848 年革命过程中所呈现的种种局面与 1789 年法国大革命形成鲜明对比。随着时间的推移，1848 年革命并没有真正彻底改变社会结构或建立新秩序；相反，其影响逐渐衰减且走向式微。

资产阶级共和派代表着资产阶级的普遍利益和要求，他们试图通过建立共和制实现资产阶级的普遍统治。资产阶级共和派的出现不是因为有巨大利益的关联，而是由特殊条件所催生的。他们的主要力量集中在报纸和议会，《国民报》是该派别的机关报，其成员由一些具有共和主义思想的资产者、作家、律师、军官和官吏所组成。1848 年 6 月，在共和派领导下，"六月革命"被执行委员会镇压，并且民主主义的共和党人遭到清洗。资产阶级共和派推选军事将领卡芬雅克为领袖，并授予他独裁权力。同时期政府内多个关键职位均由资产阶级共和派人士把持。资产阶级共和派掌权后拟定共和主义宪法并宣布巴黎戒严。共和主义宪法在词句中标榜自由，但在条款中附加了特殊条件，以全体人民的名义推行资产阶级统治，最终导致只有"资产阶级可以不受其他阶级的同等权利的任何妨碍而享受这些自由"①。同时，资产阶级共和派以军事力量监控社会，进行戒严，严重损害了小资产者和无产阶级的利益，导致社会严重不满，为波拿巴夺取政权开辟了道路。最终被资产阶级共和派与秩序党的联合力量击败后，在法国立法国民议会中，只有由卡芬雅克、拉莫里西埃以及贝多领导的约 50 人组成的集团幸存下来。资产阶级共和派失败后，社会民主派成为与秩序党对立的政治团体，并成立了新山岳党，这表明它继承了 1793—1795 年法国国民公会中的山岳派的思想。其本质没有发生变化，依然"以民主主义的方法来改造社会，但是这种改造始终不超出小资产阶级的范围"②。然而，事实证明山岳党所具有的软弱性和动摇性，使他们在言辞上颇为擅长，但缺乏对实际斗争的有效把握。在与秩序党的斗争中，山岳党错误地判断形势，夸大了自身的力量，天真地以为社会形势会主动符合自己的想象，仅仅想保持"纯洁无辜"，最终未能有效地争取多数民众支持。面对斗争失败的结果，山岳党也只会自我安慰，逞口舌之快："只要谁敢动一动普选权，只要敢动一下，我们就让他知道我们的厉害！走着瞧吧！"③正因如此，在面对敌人设下的政治陷阱时，山岳党显得手足无措，最终将所取得的共和国成果拱手相让。除了这两个派别外，马克思还着力分析了秩序党。秩序党包含正统派和奥尔良派，前者代表

---

① 《马克思恩格斯文集》第 2 卷，人民出版社 2009 年版，第 484 页。
② 《马克思恩格斯文集》第 2 卷，人民出版社 2009 年版，第 501 页。
③ 《马克思恩格斯文集》第 2 卷，人民出版社 2009 年版，第 505 页。

大地主的利益，后者则代表金融贵族的利益。秩序党则通过维持现有政治和社会秩序保护大资产阶级的利益。二者都反对民主改革，并担心民主化会威胁到他们的经济和政治地位。他们采取保守措施维护既有政治社会秩序以保障大资本家的权益。但是他们之间的具体利益有所不同，存在着矛盾。正因如此，波拿巴充分利用这种松散的联盟关系，成功地瓦解了秩序党内部的团结与一致，使秩序党丧失了军队领导权，贻误了良好时机，最终导致议会制度和资产阶级统治遭受重创。

　　在马克思看来，有产者们只会用华丽辞藻和虚假承诺愚弄大众，在政治舞台上很少采取有效斗争来解决社会问题。资产阶级为了巩固自身的统治地位，高度重视宣扬自由、平等、财产权、宗教信仰和社会秩序。这些价值观被用来维护他们在社会中的利益和地位，成为维持资本主义制度稳定运行的重要理念基石。通过强调这些原则，资产阶级旨在确保其对生产力和资源分配机制具有影响力，并最大限度地保障其自身特权和利益。一方面，有产者们是只关注自身利益的自私者。法国资产阶级所倡导和追求的是安宁，即资产阶级秩序。在面对矛盾冲突时，他们往往会以此口号为由来维护自身利益。然而，波拿巴却以类似方式对资产阶级给予了还击，并揭示了其虚伪与苍白，暴露了资产阶级自私利己的本质。工业资产阶级和商业资产阶级正是这种情况最典型的代表。他们极力维护本阶层的权益，并为个人权利进行斗争；任何可能妨碍工商业发展、损害其特权地位的激烈行动都会遭到他们的反对。为了确保不受到威胁并继续从政府中获取优待条件，他们选择放弃政治目标、背叛自己的代言人而拥护波拿巴的统治，然而却对无产阶级追求自身利益感到愤慨。"这个资产阶级时刻都为最狭小最卑鄙的私人利益而牺牲自己的全阶级的利益即政治利益，并且要求自己的代表人物也作同样的牺牲；但现在它却哀叫无产阶级为了自己的物质利益而牺牲了它的理想的政治利益。"①这种双重标准揭示了资产阶级及其代理人对道德原则和社会正义观念的严重偏见和虚伪行径，暴露出他们的认识错位与价值观扭曲。另一方面，有产者们是无法掌握斗争方法的政治家。资产阶级在与波拿巴进行斗争时，由于被自身利益麻痹而无法掌握战略技巧，在多个关键时刻错失良机，最终导致了他们的失败。例如，在秩序党与波拿巴斗争时，波拿巴私自发布命令罢免了国民自卫军最高统帅尚加尔涅。秩序党议会原本可以将其任命为国民议会议长以掌握军事力量的调动权，然而秩序党议会却放弃了主动权，试图感化波拿巴。"秩序党既然推开了由尚加尔涅作代表表示愿意听它指挥的军队，因而把这个军队永不复返地让给了总统，这就表明资产阶级已经丧失了统治的使命。"②此外，秩序党总是难以抓住斗争重点，在与行政权抗争时总卷入毫无意义的辩论，使得最不必要的形式议题成为他们热衷讨论之物。

---

① 《马克思恩格斯文集》第 2 卷，人民出版社 2009 年版，第 550 页。
② 《马克思恩格斯文集》第 2 卷，人民出版社 2009 年版，第 534 页。

总之，在法国革命中，有产者始终佩戴着虚伪的假面具进行斗争，尽管表现出高尚的政治追求，但实际上却极为看重自身特权地位。在马克思看来，资产阶级只追求个人私利，而忽视了广大人民的利益。他们在政治斗争中表现出缺乏坚定决断和道义担当的虚弱性格，导致最终失败，这清楚地揭示了有产者们表面与实际之间的双重标准以及在政治上的软弱无能。

三、小农阶级的二重性

小农阶级是占法国人口绝大多数的阶级，他们的双重属性——既具有革命性，又具有保守性——在这一历史时期体现得尤为明显。小农阶级的革命性表现在他们对剥削压迫的反抗和对土地所有权的渴望。拿破仑时期的土地改革极大地改善了小农的经济状况，使他们获得了土地的所有权和经济独立，因此面对新的剥削和压迫能够激发他们的革命热情，为维护自身权益而斗争。然而，小农阶级的保守性则体现在他们对既得利益的维护和对变革的抵制。当他们的土地所有权得到保障时，他们倾向于维持现状，不愿意冒险去支持更激进的社会变革。小农阶级在波拿巴的闹剧中扮演了重要角色。在马克思看来，"国家权力并不是悬在空中的。波拿巴代表一个阶级，而且是代表法国社会中人数最多的一个阶级——小农"[1]。波拿巴最

---

① 《马克思恩格斯文集》第 2 卷，人民出版社 2009 年版，第 566 页。

终获得了 550 万张选票，这不仅是他个人政治策略的成功，也反映了小农阶级在法国社会中的重要地位和影响力。他们的支持使得波拿巴这个缺乏出众能力和真正权力的冒险家，得以在政治舞台上获得成功。在这一历史时期，小农阶级的双重属性充分展示了他们对法国社会和政治发展的深远影响。

一方面，小农阶级具有革命性，革命性主要源自他们对拥有土地和维护自身利益的渴望。拿破仑时期的小块土地所有制使农民摆脱了封建束缚，获得了对自己土地的所有权。经过拿破仑的一系列改革，以土地登记制度确定了农民增加的土地所有权，并且使税收体系更加合理化，废除了封建时期的税收形式。小块土地所有制成为新兴资产阶级发展的重要支柱。资产阶级利用这些分散的小农力量，巩固了自己的经济和政治地位。小块土地的所有者，即小农阶级，通过辛勤劳动和自我管理，确保了土地的高效利用和生产力的提升。这不仅增强了他们的经济独立性，也使他们成为资产阶级抵御旧统治者反攻的坚实后盾。正因如此，法国的小农阶级对拿破仑充满感激并给予支持，他们深信小块土地所有制会给他们带来好处。但随着社会发展，农民的利益不再同资产阶级或资本的利益相协调，二者之间充满了矛盾。许多农民背井离乡，带着他们破旧的行李和年幼的孩子，四处漂泊。他们在城乡之间不停地迁徙，有时从农村进入城市寻找生计，有时又因生活艰难而从城市返回农村。"农民的小块土地现在只是使资本家得以从土地上榨取利润、利息和地租，而让农民自己考虑怎样去挣自己的工资的一个借口。"①在沉重的赋税剥削下，一部分流离失所的农民处于濒死之境，这一状况迫使一部分革命的农民放弃了对波拿巴的幻想，转而寻求新的出路，即与城市无产阶级联合。这种觉醒不仅是对自身处境的清醒认识，更是对社会变革的迫切期望，体现出鲜明的革命性。

另一方面，小农阶级具有保守性，具体表现为满足于现状，缺乏对自身主体性的理性认识，并且普遍存在迷信和偏见的思想。"一切已死的先辈们的传统，像梦魇一样纠缠着活人的头脑。"②历史的传统直接影响着小农阶级的观念和行为。第一，他们迷恋于拿破仑以及小块土地制度。小块土地的分割以及生产生活的自给自足，使得他们的经济活动局限于自给自足的范围。由于生产和生活需求主要依赖于土地的直接产出，他们与外界的经济联系非常有限，缺乏必要的社会交流和互动。这样的生活方式不仅导致他们在信息和资源获取上受到限制，也使得他们在社会层面上相对孤立，彼此之间的联系和协作较少，难以形成统一的力量和共同的利益诉求，"就像一袋马铃薯是由袋中的一个个马铃薯汇集而成的那样"③。他们相信，只要坚守这种以小块土地为基础的生产方式，就能保障自己的现实利益，不必担心饥饿和贫困。这些农民对小块土地的依赖和眷恋，甚至形成了一种近乎迷信的态度。正因如此，在

①《马克思恩格斯文集》第 2 卷，人民出版社 2009 年版，第 570 页。
②《马克思恩格斯文集》第 2 卷，人民出版社 2009 年版，第 471 页。
③《马克思恩格斯文集》第 2 卷，人民出版社 2009 年版，第 566 页。

他们看来，"一个名叫拿破仑的人将会把一切美好的东西送还他们"①。第二，他们迷信于宗教统治。当法国农民获得小块土地时，他们认识到了宗教的影响力，并自然地服从教士的统治。然而，当教士变成了警察的"涂了圣油的警犬"时，农民依然被传统的迷信所桎梏，无法转变为反对宗教的立场。这导致他们依然支持已经腐化的宗教势力，而无法树立改革和反抗的思想。第三，他们迷信于军队。军队曾将小农培养成保护新获得的资产不受外敌侵害的英雄，因此军队在小农心中象征着光荣。然而，当军队的性质发生根本变化，军队不再由农民青年所组成，而成为农民流氓无产阶级的败类时，法国农民却未能清醒地认识到他们已经成为与自己对立的力量。

马克思指出："人们自己创造自己的历史，但是他们并不是随心所欲地创造，并不是在他们自己选定的条件下创造，而是在直接碰到的、既定的、从过去承继下来的条件下创造。"②小农阶级困囿于小块土地，日复一日地重复着传统的耕作方式，遵循祖辈传下来的固定模式，缺乏创新的动力和能力。由于生活条件和社会环境的限制，这种局限性阻碍了他们的个人发展，他们始终难以对自身的主体性有清晰的认知。因此，他们无法自我代表，必须依靠他人来代表他们。"他们的代表一定要同时是他们的主宰，是高高站在他们上面的权

---

① 《马克思恩格斯文集》第 2 卷，人民出版社 2009 年版，第 567 页。
② 《马克思恩格斯文集》第 2 卷，人民出版社 2009 年版，第 470—471 页。

威。"①波拿巴成功地洞悉了小农阶级的局限性，巧妙地利用他们的心理弱点，将农民的支持转化为自己的政治资本，使他能够在政治舞台上不断壮大。而农民们在这样的骗局中，被动地成了波拿巴权力游戏中的棋子，失去了自我表达和推动社会进步的机会。

四、路易·波拿巴的阶级属性

路易·波拿巴是这部著作的主角，是法国皇帝拿破仑·波拿巴的侄子，通过普选成为共和国的总统，同时也是最后一位君主。1848 年"二月革命"推翻了七月王朝的统治后，波拿巴回到了法国。然而，不久之后他又被临时政府驱逐到了英国。在英国期间，他加入了特别警察部队，参与镇压里昂工人起义。同年，他再次返回法国，并成功当选为议员，开始了他在法国的政治生涯。在 1848 年宪法颁布后，路易·波拿巴积极参加总统竞选，同赖德律-洛兰、卡芬雅克等候选人角逐总统职位。12 月 10 日，法国进行了直接选举，路易·波拿巴被选为法国总统。在马克思看来，这次选举结果充满了讽刺意味。法国人民在经历了 1848 年"二月革命"的动荡之后，推翻了七月王朝的统治，期望建立一个真正代表人民利益的共和国，然而，最终却选择了路易·波拿巴——一个与旧王朝有着

---

① 《马克思恩格斯文集》第 2 卷，人民出版社 2009 年版，第 567 页。

血缘关系的人——成为共和国的领导者。在马克思看来，波拿
巴的政变是以往政变发展的必然结果，是"波拿巴对议会的胜
利，行政权对立法权的胜利，不讲空话的权力对讲空话的权力
的胜利"①。马克思认为，这种权力转移的背后，是统治阶级
为了维持其统治地位，不断强化行政机构的力量，以便更有效
地控制和管理社会。通过这一过程，行政权力得以凌驾于立法
权之上，形成了一种权力高度集中的局面。

路易·波拿巴的成功上位离不开占法国绝大多数的农民阶
级以及流氓无产者的强烈支持。

一方面，农民是法国社会中拥有大量人口的阶级，同时
也是波拿巴的重要拥护者。农民们幻想着路易·波拿巴能够像
他的伯父拿破仑·波拿巴一样，振兴法国，稳定动荡的局势，
并使他们生活得到改善。然而，路易·波拿巴的成功很大程度
上是由于农民的幻想和误解。路易·波拿巴以"拿破仑观念"
继承者的身份出现，即"小土地所有制、强有力和不受限制的
政府、教士的统治以及对军功荣誉的追求等"②，他承诺恢复
拿破仑时代的辉煌，并保证农民的利益，这无疑迎合了农民阶
级的期望。拿破仑一世的形象和理念在农民心中留下了深刻的
印记，这主要是因为在拿破仑时代，农民阶级的生活过得相对
稳定，他们的土地得到了保护。同时，随着普选权的恢复，广

---

① 《马克思恩格斯文集》第 2 卷，人民出版社 2009 年版，第 563 页。
② 曹浩瀚：《重构马克思的波拿巴主义理论——对第二帝国历史的研
究》，《马克思主义与现实》2014 年第 6 期。

大农民阶级有了政治参与机会。他们高喊着"打倒共和国，皇帝万岁！"①，以表达对当时共和国的不满以及对恢复帝国的渴望。这种普遍的情绪在 1848 年的总统大选中达到高潮。农民们相信，只有像波拿巴这样强有力的领导者才能带领他们走出困境，恢复他们所渴望的社会稳定和经济繁荣。此外，波拿巴自称为农民和一般人民的代表，宣称要在资产阶级社会的框架内，使下层阶级获得幸福。波拿巴敏锐地抓住资产阶级共和派恢复 45 生丁税和葡萄酒税的机会，激起农民对资产阶级共和派的愤怒。在他的策划下，农民的反对情绪不断高涨，最终使资产阶级共和派在大选中失败，从而削弱了资产阶级共和派的力量，为自己的上位铺平了道路。此外，他通过内阁以一些荒唐的提案博得声望，试图拉拢广大人民，假意承诺改善他们的生活，如给下级军官提高待遇，为工人们提供信誉贷款等。然而，随着时代的发展和社会的变迁，这种观念逐渐变质。虽然拿破仑家族的名字依然在农民中具有很强的号召力，但其实际政策已经无法解决农民所面临的经济困难。相反，这种"拿破仑观念"成为维持现有压迫结构的一部分，使得农民在经济上受到了更多的束缚。正如马克思所说，"第二帝国是建立在将错觉人为地培育为力量的基础上，建立在传统偏见的基础上的"②，路易·波拿巴只是利用了农民的这种幻想，通过虚假

---

① 《马克思恩格斯文集》第 2 卷，人民出版社 2009 年版，第 116 页。
② 《马克思恩格斯全集》第 17 卷，人民出版社 1963 年版，第 596 页。

的承诺和表面文章来获取支持，而他的实际能力和政策却远远
达不到农民的期望。

另一方面，流氓无产者为波拿巴政权的建立"贡献"了
重要力量。马克思认为，流氓无产阶级是城市贫民中的最贫困
和最边缘化的阶层。他们通常没有稳定的工作和收入，生活在
社会的边缘地带，常常依靠非法手段谋生。这些人由于缺乏经
济保障和社会支持，极易受到不良影响和操纵。在政治动荡和
社会变革时期，流氓无产阶级往往成为各种反动势力的工具，
因为他们的生存状态使他们对任何能够提供即时利益的人和组
织都持开放态度，可以从事"最卑鄙的强盗行径和最龌龊的卖
身勾当"①。在无产阶级与资产阶级临时政府的斗争中，流氓
无产阶级被资产阶级临时政府收买，仅仅因为临时政府每天支
付他们 1 法郎 50 生丁的报酬，并给他们发放一套区别于无产
阶级的制服。"六月起义"失败后，这些人同样转而服务于路
易·波拿巴，维护他在法国的专制统治，仅仅因为波拿巴给予
他们经济利益和政治权力。1849 年，波拿巴成立了十二月十
日会，这表面上是一个慈善会，但实际上是一个由流氓、骗
子、游民等组成的服从于波拿巴的秘密团体。马克思指出，
"波拿巴是流氓无产阶级的首领，他只有在这些流氓无产者身
上才能大量地重新找到他本人所追求的利益，他把这些由所有
各个阶级中淘汰出来的渣滓、残屑和糟粕看做他自己绝对能够

---

① 《马克思恩格斯文集》第 2 卷，人民出版社 2009 年版，第 95 页。

依靠的唯一的阶级"①。路易·波拿巴为了巩固自己的权力，积极提拔和重用这些流氓无产阶级，以对抗资产阶级的政治力量。通过他的提携，这些原本在社会底层挣扎的人摇身一变，成了身份显赫的高贵人物。这些被提拔的流氓无产阶级，通过各种手段维护波拿巴的利益，成为他称帝道路上的重要支持力量。马克思指出，"十二月十日会是波拿巴特有的一种党派战斗力量；它对于波拿巴的意义，正如国家工场对于社会主义工人，别动队对于资产阶级共和派的意义一样"②。为了展现自己爱民亲民的良好形象，波拿巴在法国各地巡游。他在十二月十日会中挑选了一批游手好闲且富有表演天赋的流氓无产阶级作为特邀演员，在他的安排下，这些流氓无产阶级成为他展示"爱民"形象的道具。他们伪装成热爱皇帝的法国人民，聚集在各处的火车站，高喊"皇帝万岁"，制造出波拿巴所到之处欢呼不断的场面。这种虚假的表演，既是对法国民众的一种愚弄，也暴露了波拿巴政权的虚伪本质。波拿巴通过这种方式，试图掩盖自己在民众心中的真实地位，但这种自欺欺人的举动，终究无法改变他在法国人民心中的低微形象。最终，在1850 年，由于被举报有暗杀尚加尔涅将军和国民议会议长杜班的可能，十二月十日会被要求调查，波拿巴对此早就有所戒备，最终表面上提前将其解散，但实际上在私下仍有勾连。

---

① 《马克思恩格斯文集》第 2 卷，人民出版社 2009 年版，第 523 页。
② 《马克思恩格斯文集》第 2 卷，人民出版社 2009 年版，第 524 页。

波拿巴想做一个一切阶级的"恩人"，宣称行政权力是为所有人谋福利的权力，是"农民和一般人民"的代表，把维护"资产阶级秩序"作为自身的使命追求。然而波拿巴和他依靠的流氓无产阶级通过摧毁资产阶级的民主权利来窃取行政权力。行政权力在波拿巴的手中成为一种工具，他把手伸向每一个阶级的口袋，剥夺了他们的财富和资源。尽管他打着为各阶级服务的旗号，但实际上，"要是不从一个阶级那里取得一些什么，就不能给另一个阶级一些什么"①。正因如此，波拿巴热衷于表现出超越政治党派的相对自主性，并投机取巧。波拿巴根据实际情况和需要，灵活调整政策，以谋求最大利益。他既不完全站在资产阶级一边，也不完全支持农民和下层人民，并且坚定地不依附于任何一个党派。然而，波拿巴的这种矛盾立场使得他的政权既无法得到资产阶级的完全支持，也无法获得农民和底层人民的真正信任。他的这种立场，使得他在短期内能够利用各阶级之间的矛盾来巩固自己的权力，但长期来看，这种矛盾必然会导致他的政权陷入不可调和的困境。

　　马克思对路易·波拿巴的评价充满了批判和讽刺。他指出，"拿破仑是最充分地代表了 1789 年新形成的农民阶级的利益和幻想的唯一人物。农民阶级把他的名字写在共和国的门面上，就是对外宣布战争，对内宣布谋取自己的阶级利益。拿

----

① 《马克思恩格斯文集》第 2 卷，人民出版社 2009 年版，第 576 页。

破仑在农民眼中不是一个人物，而是一个纲领"①。以拿破仑个人为中心的幻想性观念作为一种历史影响最终投射到其侄子路易·波拿巴身上。然而，路易·波拿巴缺乏真正的领导才能和远见卓识，无法与他的伯父拿破仑相比。正因如此，马克思在文本结尾处指出，"如果皇袍终于落在路易·波拿巴身上，那么拿破仑的铜像就将从旺多姆圆柱顶上倒塌下来"②。

①《马克思恩格斯文集》第 2 卷，人民出版社 2009 年版，第 116 页
②《马克思恩格斯文集》第 2 卷，人民出版社 2009 年版，第 577—578 页。

第七章　《路易·波拿巴的雾月十八日》的

历史评价

　　《雾月十八日》首次出版于 1852 年，分为两篇序言、七个章节与一个附录，对 1848 年"二月革命"到 1851 年路易·波拿巴政变后的法国阶级斗争历史经验做出了深刻总结，距今已有 170 多年。从现今已有的围绕文本的研究来看，《雾月十八日》的历史评价大体上可以分为三个层面，它们分别是：恩格斯、列宁等马克思主义经典作家的重要评论；西方马克思主义学派经典作家的重要评论；当下中国马克思主义学者的品读观点三个层面。为此，本章将对三个层面进行历史评价的系统梳理，以期为《雾月十八日》的后续阐释提供参考。

一、马克思主义经典作家的重要评论

　　亲历 1848 年革命后，马克思针对路易·波拿巴政变写作了《雾月十八日》，第一次用唯物史观的方法分析了法兰西第二共和国的历史兴亡，证明"法国阶级斗争怎样造成了一种局势和条件，使得一个平庸而可笑的人物有可能扮演了英雄的角色"①。马克思指出，《雾月十八日》实质上讨论的是一个核心问题，即"为什么一个有 3600 万人的民族竟会被三个衣冠楚楚的骗子偷袭而毫无抵抗地做了俘虏"②的问题。针对这一主线，马克思进而引出唯物史观、无产阶级领导权、资产阶级国家与政党性质、历史传统与历史观念等命题。

恩格斯是《雾月十八日》最早的评价者，他指出该文本的主题是马克思对唯物史观的发现和认识。1869 年，马克思为《雾月十八日》德国汉堡单行本写就第二版序言，批评了当时"德国流行的所谓凯撒主义的书生用语"③，实则针砭当世的个人英雄主义，也即一种英雄史观和唯心史观，恩格斯于1885 年为《雾月十八日》题写了第三版序言，进一步阐释了这部著作中唯物史观运用的重要意义，并指出《雾月十八日》是马克思运用历史唯物主义的光辉典范："在这部著作中，他用这段历史检验了他的这个规律；即使已经过了 33 年，我们还是必须承认，这个检验获得了辉煌的成果。"④恩格斯评价马克思所发现的历史规律的科学性是空前的，他指出，《雾月十八日》是马克思运用唯物史观分析历史事件的"天才的著作"。"紧接着这一事变之后，马克思立即写出一篇简练的讽

---

① 《马克思恩格斯文集》第 2 卷，人民出版社 2009 年版，第 466 页。
② 《马克思恩格斯文集》第 2 卷，人民出版社 2009 年版，第 476 页。
③ 《马克思恩格斯文集》第 2 卷，人民出版社 2009 年版，第 466 页。
④ 《马克思恩格斯文集》第 2 卷，人民出版社 2009 年版，第 469 页。

刺作品，叙述了二月事变以来法国历史的全部进程的内在联系，揭示了 12 月 2 日的奇迹就是这种联系的自然和必然的结果，而他在这样做的时候对政变的主角除了给予其应得的蔑视以外，根本不需要采取别的态度。这幅图画描绘得如此高明，以致后来每一次新的揭露，都只是提供出新的证据，证明这幅图画是多么忠实地反映了实际。他对活生生的时事有这样卓越的理解，他在事变刚刚发生时就对事变有这样透彻的洞察，的确是无与伦比。"①

恩格斯不仅为马克思写作《雾月十八日》提供了重要帮助，而且是这本小册子重要的补充者与评论者。在政变发生的第二天，恩格斯就写信给马克思，指出："真好像是老黑格尔在坟墓里作为世界精神来指导历史，并且真心诚意地使一切事件都出现两次，第一次是作为伟大的悲剧出现，第二次是作为卑劣的笑剧出现……这样，我们终于来到了雾月十八日。"②这成为马克思写作全书的开端。恩格斯认为，在写作这部著作之前，马克思已经完成了对历史材料的充分积累，而就马克思对于当时革命的认识和研究来说，已无人能出其右："由于马克思准确了解法国在二月革命以前的经济状况以及这个国家在二月革命以后的政治事件，所以他能对当时的事变作出这样的叙述，这一叙述对事变内在联系的揭示达到了至今还无人达到

---

① 《马克思恩格斯文集》第 2 卷，人民出版社 2009 年版，第 468 页。
② 《马克思恩格斯文集》第 10 卷，人民出版社 2009 年版，第 99 页。

的程度，并且光辉地经受住了后来由马克思自己进行的两度检验。"①其中所提到的第二次检验，就是这本《雾月十八日》。恩格斯更指出了这部天才的著作在马克思主义发展史，尤其是历史唯物主义发展史上的重要地位："正是马克思最先发现了重大的历史运动规律。根据这个规律，一切历史上的斗争，无论是在政治、宗教、哲学的领域中进行的，还是在其他意识形态领域中进行的，实际上只是或多或少明显地表现了各社会阶级的斗争，而这些阶级的存在以及它们之间的冲突，又为它们的经济状况的发展程度、它们的生产的性质和方式以及由生产所决定的交换的性质和方式所制约。……这个规律在这里也是马克思用以理解法兰西第二共和国历史的钥匙。"②

与此同时，通过将《雾月十八日》与雨果的《小拿破仑》、蒲鲁东的《从十二月二日政变看社会革命》进行比较分析，共产主义者同盟盟员埃卡留斯给予了重要评价。这三部著作诞生于同一个时代，面对同一个主题，却得出了截然不同的历史结论。从波拿巴军队屠杀的惊心现场到流氓与土匪的趁火打劫，雨果的《小拿破仑》充满了对历史现实的生动描绘并对当时的社会现象给予了抨击，但却仅仅停留于对斗争愤怒情绪的表达以及反战的和平诉求的表达，呼唤自由和真理的到来，在共和主义理想的驱使下与资产阶级反革命活动的真相渐行渐

① 《马克思恩格斯选集》第 4 卷，人民出版社 2012 年版，第 379 页。
② 《马克思恩格斯文集》第 2 卷，人民出版社 2009 年版，第 469 页。

远。对此，埃卡留斯评论道："共和党人千方百计地回避真实的结论，因为一得出这种结论，他们就不再能鼓吹已没有生存条件的利益，不再能宣扬他们认为重要的原则了。因此，他们就宁愿歪曲现实，对他们实际的失败轻描淡写，对他们那个敌人的个人业绩极力加以夸大，一句话，用偶然事变和暴力行为来替换简单明了的因果法则，必然规律，这样来伪造历史。"①而在雨果从革命的失败中呼唤自由与真理、呼吁建立共和政体的当口，马克思发现的则是革命与无产阶级解放的真相。

1848 年"二月革命"在法国爆发时，蒲鲁东时任制宪议会议员，却在必须真正采取革命手段时致力于利用自己的影响力，将一切行动限制在和平抗争的范围内。1852 年，《从十二月二日政变看社会革命》一书在独裁者统治下的巴黎出版，马克思随即对其作出评论："他那本关于《政变》的著作应当认为不仅是一部坏的著作，而且简直是卑鄙，然而是适合小资产阶级观点的卑鄙，他在这里向路易·波拿巴献媚，实际上是竭力把他弄成适合法国工人口味的人物。"②"卑鄙""献媚"是马克思对蒲鲁东从著作到为人所作的鞭辟入里的总结。蒲鲁东对包含雨果在内的共和派和民主派的主张进行了隔靴搔痒的批判，嘲笑他们由于自己的原则而招致失败，而"鼓吹人权，或者促使君主发誓尊重共和国甚于尊重普选权，都是徒

---

① 《马列著作编译资料》第 8 辑，人民出版社 1980 年版，第 31 页。
② 《马克思恩格斯选集》第 2 卷，人民出版社 1972 年版，第 147 页。

劳。人民只承认强权"①，并将一切历史错误都归因于共和派与民主派主张的普选权上。然而事实上，蒲鲁东的真正目的也并不在于对普选权的简单攻击："我自己一直是把普选权作为宪法权利和国家法律来捍卫的；既然普选权已经存在，我不要求取消它；但是必须教育人民如何使用它并且加以组织。"②蒲鲁东真正的目的是通过对普选权的攻击使一切政治运动失去其合法性，将一切具有历史合理性的复杂的政治运动简单归结于暴力的实践，认为"历史是由学者，即由有本事从上帝那里窃取隐秘思想的人们创造的。平凡的人只需应用他们所泄露的天机"③。这也是马克思称其"献媚"的根本原因，当蒲鲁东通过一通分析向国民主张要把对劳动的分配、对整个社会的组织工作统统交给小店主，每个人都必须成为小店主、小资产阶级之时，从中便可见其绝不是为了自己所鼓吹的和平与自由，而是将统治权合理"归还"到小资产阶级社会主义者手中。因此，这部充斥着历史唯心主义的著作在巴黎出版后即获得了优厚的稿酬。与之相对，马克思的《雾月十八日》的出版却接连受阻，直至在一位德国流亡工人捐献了积蓄的 40 美元后才得以出版。然而，在《小拿破仑》与《从十二月二日政变看社会革命》中的观点逐渐随着时间流逝而黯然失色的同时，《雾月十八日》时至今日仍然是针对路易·波拿巴政变最为科学、严

①《马列著作编译资料》第 8 辑，人民出版社 1980 年版，第 20 页。
②《马列著作编译资料》第 8 辑，人民出版社 1980 年版，第 22 页。
③《马克思恩格斯文集》第 10 卷，人民出版社 2009 年版，第 51 页。

谨的著作。

俄国社会主义革命前，列宁在《国家与革命》中高度评价了《雾月十八日》的国家观，摘引了大量关于无产阶级必须打碎资产阶级国家机器的论述，指出马克思的国家观在这部著作中相较《共产党宣言》来说"向前迈进了一大步"①。同时，列宁在总结无产阶级革命斗争历史经验的基础上，通过这部著作全面论述了马克思主义的国家观，指出需要进一步回答"资产阶级的国家，资产阶级统治所需要的国家机器在历史上是怎样产生的？在历次资产阶级革命进程中和面对着各被压迫阶级的独立行动，国家机器如何改变，如何演变？无产阶级在对待这个国家机器方面的任务是什么？"②等问题。

二、西方马克思主义学派经典作家的重要评论

19 世纪末至 20 世纪 50 年代，许多西方学者都在不同程度上研究了《雾月十八日》，主要是因为这部著作体现出唯物史观方法论的重要意义。如卢卡奇以直接引用大量《雾月十八日》中的原文作为研究无产阶级意识的主体线索，在《历史与阶级意识——关于马克思主义辩证法的研究》中剖析了资产阶级和无产阶级之外的其他阶级，如小资产阶级和农民阶级等，认为《雾月

---

① 《列宁选集》第 3 卷，人民出版社 2012 年版，第 133 页。
② 《列宁选集》第 3 卷，人民出版社 2012 年版，第 134 页。

十八日》充分阐释了小农阶级和小资产阶级的动摇性和懦弱性，指出不同阶级的意识不仅由他们在社会生产中的地位决定，也与等级社会的残余观念存在密切联系。因此一方面，需要意识到不同阶级和历史残留之间的必然联系；另一方面，无产阶级则需要从以往的失败中不断汲取经验教训，进行自我批评①。作为意大利最早的马克思主义宣传者之一，拉布里奥拉在其著作中将唯物史观视作解读政治活动的重要工具，认为马克思的《雾月十八日》是运用了唯物史观最彻底的著作，而"这些作品之所以写得明确而又透彻，正是因为掌握了历史唯物主义，而这样的作品我们在那些还没有撕下历史的虚构的外衣和唯心主义的外壳的作家和政论家那里是找不到的"②。葛兰西曾高度评价《雾月十八日》在马克思主义著作中的地位。他指出，只有通过这部著作，才能够更好地认识马克思主义的历史方法论。当时，一些人习惯以社会意识形态或个体思想动机为基础来直接反映历史活动，葛兰西认为，批驳这种历史认识方式，人们可以从具体的政治和历史著作所提供的真凭实据中寻找到答案，"从这一角度来看，特别重要的著作有《雾月十八日》"③。在这一阶段之后，许多西方研究者开始以唯物史观为基本方法解读历史事件，得出了一些

---

①　[匈]卢卡奇：《历史与阶级意识——关于马克思主义辩证法的研究》，杜章智、任立、燕宏远译，商务印书馆 1999 年版。

②　[意]安·拉布里奥拉：《关于历史唯物主义》，杨启潾、孙魁、朱中龙译，人民出版社 1984 年版，第 133 页。

③　[意]葛兰西：《葛兰西文选》，中共中央马克思恩格斯列宁斯大林著作编译局国际共运史研究所编译，人民出版社 1992 年版，第 483 页。

令人信服的研究成果。此种西方马克思主义的"社会解释"及其具有真理性的研究结论也使人们逐渐认识到，革命不是简单地由大人物的行动决定的，而是各种社会力量综合作用的结果。另外，"生产方式"作为马克思主义史学的核心概念，对法国年鉴学派中世纪史专家乔治·杜比、雅克·勒高夫等都产生了深刻影响。

20 世纪 60 年代以来，包括密里本德、列斐伏尔、阿尔都塞、普兰查斯等在内的西方马克思主义者针对资本主义国家展开了一系列激烈争论，主张全面检讨马克思主义的解释传统，以重建马克思主义国家理论的当代版本①。《雾月十八日》由此也成为研究马克思主义国家观的重要依据，以及所需考证的重要文本，出于反对苏联对马克思主义的解释的目的，这一时期，西方马克思主义学派的代表从国家自主性、唯物史观、修辞方法、政治诉求等方面展开深入阐释。阿尔都塞将《雾月十八日》作为其研究意识形态国家机器的启发素材，他在《意识形态和意识形态国家机器（研究笔记）》中指出，"无论哪一种意识形态国家机器，都服务于同样的结果：生产关系的再生产，即资本主义剥削关系的再生产"②。因此，必须揭开虚妄的意识形态面纱，追求科学的方法。同时，马克思主义传统在经典文本（包括《雾月十八日》在内）都将国家直截了当地认

---

① 郁建兴：《马克思国家理论与现时代》，东方出版中心 2007 年版，第5 页。

② [法]阿尔都塞：《意识形态和意识形态国家机器（研究笔记）》，陈越编：《哲学与政治：阿尔都塞读本》，吉林人民出版社 2003 年版，第 344 页。

知为一套镇压性的机器，所以需要将国家政权与国家机器之间的联系与区别视作研究马克思国家观的前提。在《重建历史唯物主义》中，哈贝马斯指出，《雾月十八日》是史学研究的重要参照文本，更是马克思以历史学家的视角充分应用唯物史观的典型案例。在《政治权力与社会阶级》中，普兰查斯指出，马克思注意到了现代国家机器中意识形态的作用，它不会直接表明自己为统治阶级服务的立场，而会将自己伪装成社会共同利益的化身等。罗莎·卢森堡在《社会改良还是革命？》一书中引用了《雾月十八日》的文本内容以说明无产阶级革命运动的复杂性，并对机会主义进行反驳，指出无产阶级革命具有动摇性和不彻底性，因此必须依据现存制度对无产阶级的意志进行接续培养[①]。总体而言，虽侧重点各有不同，但这个时期西方马克思主义学者的研究多针对文本本身加以论述，多与过去乃至当世的政治实践分离，且着重于方法论与意识形态问题的哲学研究，在一定程度上忽略了国家内容与国家形式间的历史关系的问题，也忽略了马克思在政治实践层面砸碎资产阶级国家机器的政治诉求。

20世纪90年代以来，随着后现代主义与社会科学研究的结合，围绕《雾月十八日》的后现代主义解读也在西方马克思主义学派中激起涟漪。德里达在《马克思的幽灵》中指出，幽灵或鬼魂是马克思写作《雾月十八日》的逻辑起点，"事实

---

① 中共中央马克思恩格斯列宁斯大林著作编译局国际共运史研究所：《卢森堡文选》（上卷），人民出版社1984年版，第146—147页。

上，过后不久，《路易·波拿巴的雾月十八日》又一次以相同的频率部署了幽灵政治学或鬼魂谱系学，更确切地说，是各代鬼魂们的祖传逻辑一类的东西。马克思在那里一直不停地驱魔"[①]，以解构的方式再次对《雾月十八日》进行了当代解读。马克思社会理论的研究者特雷尔·卡弗认为，马克思在《雾月十八日》中不仅是一名记事者，更是一名参与其中的亲历者，他在《雾月十八日》中所采用的方法论在实质上并非历史学或经济学的，而是在修辞上更加接近于采写社会丑闻与负面宣传的报刊。《雾月十八日》是一部政治学著作，因而在现当代理解《雾月十八日》，相较于检验其中的历史是否与当时的现实相符，更重要的应是思考马克思当时的政治诉求及其成功的可能条件，理解马克思对当时法国现实具体的历史分析与思考。

三、当下中国马克思主义学者的品读观点

中国学者普遍关注《雾月十八日》在马克思主义发展史上的地位，有学者指出，马克思的《雾月十八日》"以史学家的严峻，政治家的敏锐，哲学家的深邃，艺术家的才华，精辟地分析了波拿巴十二月二日政变的性质和意义"[②]。在品读

---

① [法]雅克·德里达：《马克思的幽灵》，何一译，中国人民大学出版社1999年版，第151页。

② 周勇胜：《〈雾月十八日〉与历史唯物主义》，陕西人民出版社1987年版，第30页。

《雾月十八日》的过程中，中国学者将文本置于 1848 年欧洲革命的历史进程中进行研究，在唯物史观、政治学、社会学与文艺学方面揭示出《雾月十八日》背后重要的理论与实践价值。

（一）关于《雾月十八日》的唯物史观研究

作为马克思主义发展史上的重要文献，《雾月十八日》中马克思对法国政治斗争的概括与描摹，以及考察政变所使用的研究方法对于研究现代资本主义国家仍然具有重要的理论意义，《雾月十八日》典型地反映了马克思的史学才华。恩格斯曾经评价道："对德国的许多青年著作家来说，'唯物主义'这个词大体上只是一个套语，他们把这个套语当做标签贴到各种事物上去，再不作进一步的研究，就是说，他们一把这个标签贴上去，就以为问题已经解决了。但是我们的历史观首先是进行研究工作的指南，并不是按照黑格尔学派的方式构造体系的杠杆。必须重新研究全部历史，必须详细研究各种社会形态的存在条件，然后设法从这些条件中找出相应的政治、私法、美学、哲学、宗教等等的观点。"①中国马克思主义学者普遍认为，《雾月十八日》是马克思根据 1851 年路易·波拿巴政变史实写就的重要著作，更是马克思运用唯物史观分析重大历

---

① 《马克思恩格斯选集》第 4 卷，人民出版社 2012 年版，第 599 页。

史事件的科学典范①。然而唯物史观既是马克思一生中最为重要的理论成果之一，同时也饱受包含经济决定论或经济主义在内的争议。有学者认为，1848 年革命具有以往革命中尚未出现或者不甚明显的历史特点，这些特点在客观上促使马克思对唯物史观的认识推向了新的高度②，《雾月十八日》不仅涉及对唯物史观的理解，还涉及唯物史观自身在历史进程中的验证与发展问题。一方面，马克思第一次指出，路易·波拿巴政变的发生并非由于对不同王朝的效忠，而是从根本上源于利益的对立，源于"资本和地产之间的竞争"。另一方面，也正是由于对路易·波拿巴政变物质条件的深入剖析，马克思进一步发展了唯物史观的科学方法，使其逐步走向成熟。因而相较于笼统概述《雾月十八日》的内容，中国学者则侧重于研究唯物史观的重要主题及其蕴含的方法论意义。

有学者认为，法国阶级斗争是马克思研究法兰西第二共和国从诞生到覆灭的主线，尤其是对于秩序党人走向失败的细致分析，为政党社会学奠定了根本基础③。"阶级"的概念是《雾月十八日》中的核心概念，在这部著作中，马克思从利益

① 梅荣政：《用唯物史观生动描述和精辟分析重大历史事件的科学典范——马克思：〈路易·波拿巴的雾月十八日〉（节选）研读》，《思想理论教育导刊》2011 年第 3 期。
② 黄楠森、庄福龄、林利主编：《马克思主义哲学史》第 2 卷，北京出版社 1996 年版，第 2 页。
③ 郑寰：《马克思论秩序党人的失败——再读〈路易·波拿巴雾月十八日〉》，《科学社会主义》2017 年第 4 期。

分析着手揭示了政党言论及其行动的真正目的，揭示出当时工业社会中党派活动、阶级政治与国家形式的内在联系，"正如在日常生活中应当把一个人对自己的想法和品评同他的实际人品和实际行动区别开来一样，在历史的斗争中更应该把各个党派的言辞和幻想同它们的本来面目和实际利益区别开来，把它们对自己的看法同它们的真实本质区别开来"①，而小资产者"在理论上得出的任务和解决办法，也就是小资产者的物质利益和社会地位在实际生活上引导他们得出的任务和解决办法。一般说来，一个阶级的政治代表和著作界代表同他们所代表的阶级之间的关系，都是这样"②，开辟了以唯物史观分析和认识每一个阶级内部的一些如小工业家、小商人、手工业者、农民、流氓无产阶级等特殊阶层的先河，并从利益的对立角度阐释阶级之间的斗争，其中对阶级之间盲目依附理由的分析、对法国资产阶级不彻底性的批判与对无产阶级需要夺取革命领导权必然性的分析等，对于理解当今资本主义的社会结构和权力关系仍然具有重要的理论意义。

（二）关于《雾月十八日》的政治学研究

《雾月十八日》无疑是一部概述法国历史发展进程并着重揭露历史内部联系的著作，但同时，我们"为了理解马克思本人

---

① 《马克思恩格斯文集》第 2 卷，人民出版社 2009 年版，第 498—499 页。
② 《马克思恩格斯文集》第 2 卷，人民出版社 2009 年版，第 501 页。

的思想，必须剥去很多历史的外壳。因为马克思的思想被很多不同的解释所遮蔽，并用于证明很多不同政治类型的合理性"①。以唯物史观为方法论，阶级理论成为马克思主义政治学的理论基础，国家理论则构成了马克思主义政治学的主体内容。

马克思在《雾月十八日》中将国家作为相对独立的主体看待，这一观点成为众多中国学者研究国家独立性的出发点。有学者认为，《雾月十八日》中马克思对资产阶级国家的研究构成了马克思主义国家理论的重要组成部分，该理论在批判与继承近代资产阶级国家理论的基础上逐渐形成与发展起来。《雾月十八日》中的国家观包含了波拿巴主义国家的产生、发展历程，有学者便从马克思的分析中总结出波拿巴政权相对于社会的独立性以及其能够扩张行政权的根本原因②。在意识到国家权力不可能处于各种阶级关系和经济基础相脱离的真空状态的基础上，马克思进一步在《雾月十八日》中使用了"社会"一词，进而使用了"市民社会"一词，将研究转至国家同市民社会关系的视角上。有学者认为，在现代国家的研究上，马克思只是提供了一种初步的理论，还没有在理论上对民族国家、国家认同和民族主义认同等进行一般性的研究和解释。马克思在对法兰西第二共和国覆灭的研究中超越了传统的政体划分的学说，不再局限于"君主国"还是"共和国"的传统二

① [英]戴维·麦克莱伦：《卡尔·马克思传》（第 3 版），王珍译，中国人民大学出版社 2005 年版，第 92 页。
② 郁建兴：《马克思国家理论与现时代》，东方出版中心 2007 年版。

分，而主张从政治经济学的角度对国家与市民社会进行更为深入的考察，并从资本主义生产方式出发理解现代国家，指出了现代国家与现代私有制相适应的根本特性，资产阶级不再是等级而是阶级，因而获得了普遍的形式，国家作为一种必然采取的组织形式获得了和市民社会并列的且独立于市民社会之外的存在。在此基础上，马克思研究国家与社会关系的过程中深入探讨了恢复社会活力的途径，以巴黎公社为例，"在法国和在欧洲，共和国只有作为'社会共和国'才有可能存在；这种共和国应该剥夺资本家和地主阶级手中的国家机器，而代之以公社；公社公开宣布'社会解放'是共和国的伟大目标，从而以公社的组织来保证这种社会改造"①。也就是说，国家作为寄生的、不得不存在的机体，不应反过来将社会机体吞噬，而应在简化国家管理的基础上，逐渐消灭阶级统治，并摧毁国家机器。最后，马克思立足于无产阶级的历史使命，主张无产阶级应真正夺取政权。只有从所有制形式和生产关系上加以改造，才能够摧毁旧的国家机器，避免一次又一次地在修补宪制的过程中开历史的倒车②。

（三）关于《雾月十八日》的意识形态理论研究

《雾月十八日》中的意识形态理论是中国学者关注的重要

---

① 《马克思恩格斯文集》第3卷，人民出版社2009年版，第205页。
② 郑寰、潘丹：《〈路易·波拿巴的雾月十八日〉导读》，中共中央党校出版社2018年版，第151—155页。

研究范畴，着眼于历史现象层面观念所导致的历史悲剧，在当代历史条件下，中国学者主要针对传统观念对社会变革产生影响的可能性开展研究，并致力于将《雾月十八日》的意识形态理论中国化，应用于指导现实的社会变革及其行动策略。

第一，关于《雾月十八日》在马克思的意识形态理论中的地位和意义研究，有学者根据对不同阶段著作的文本学研究对马克思的意识形态理论进行阶段划分。如有学者将马克思意识形态理论划分为起点阶段、初步创立阶段、基本形成阶段与进一步发展和研究阶段，而《雾月十八日》的创作正处于进一步发展和研究阶段①。

第二，关于传统意识形态历史作用的相关研究。社会变革及其行动策略确实受制于"拿破仑观念"等意识形态，然而同时，"一切'拿破仑观念'都是不发达的、朝气蓬勃的小块土地所产生的观念；对于已经衰老的小块土地说来，这些观念是荒谬的，只是它垂死挣扎时的幻觉，只是变成了空话的词句，只是变成了幽灵的魂魄"②。广大农村对于拿破仑存在传统的盲目崇拜，这种源于小农经济的迷信最终成为路易·波拿巴政变成功的思想根源。如有学者将这个阶段的意识形态表述为被想象的"政治"与被革命化的"社会"，指出波拿巴获得胜利的驱动力并不是物质利益，相反，他利用了各个阶级和不

---

① 张秀琴：《马克思意识形态理论的当代阐释》，中国社会科学出版社2005年版。

②《马克思恩格斯文集》第2卷，人民出版社2009年版，第572—573页。

同党派及其背后的利益关系，使法国小农对共和国的仇恨及对过往的追念转化为对自己的支持①。这种传统的意识形态只能够在一定的历史条件下发挥作用，但从根本上来说，对人类社会的历史发展起决定性作用的仍是物质基础，此次政变只是基于"虚假观念"的拙劣的资产阶级政治笑剧，历史暂时的曲折并不会改变其前进的总趋势。同时有学者指出，马克思为社会科学中的革命理论也提出了重要的研究路径，以阶级为基础理解各种运动，并从特定的历史和现实条件研究革命的成败，开创了以"社会学的想象力"②研究与分析历史的研究方法。

第三，关于《雾月十八日》对中国社会主义意识形态建设的意义研究。中国学者对《雾月十八日》的研究不仅包括对其历史和文本自身的探讨，更将其中的方法论中国化，借其中的方法以理解中国的现实问题。社会变革必须清除传统的残余，在对历史人物与事件的评价中汲取面向未来的力量。"拿破仑观念"及其背后的资产阶级意识形态虚假性一直是中国马克思主义学者的研究切入点，如有学者指出，需学习马克思从物质生产实践角度出发探究意识形态虚假性问题，把现实的社会生产实践活动作为理解意识形态虚假性问题的关键，并把实

---

①　夏莹、邢冰：《被想象的"政治"与被革命化的"社会"——当代视域下对〈路易·波拿巴的雾月十八日〉的再阐释》，《天津社会科学》2021 年第 3 期。

②　转引自应星：《事件社会学脉络下的阶级政治与国家自主性——马克思〈路易·波拿巴的雾月十八日〉新释》，《社会学研究》2017 年第 2 期。

现无产阶级的历史使命、培育无产阶级的阶级意识作为解决意识形态虚假性问题的根本出路①。

（四）关于《雾月十八日》的文艺学研究

《雾月十八日》的文本中包含格言、递进、重复、对仗等语言表达方式，这本书在反映事实的同时也是一部充满文艺气息的艺术著作，其对于历史细节与社会形态的生动描述与刻画不仅触及了前所未有的思想深度，更到达了无与伦比的艺术高度。例如，有学者指出，《雾月十八日》充满浓厚的喜剧色彩，从第一章开始即以拙劣的模仿剧为主线为全书定下了喜剧的基调。"西方有一种文艺理论认为，喜剧的根源在于不可抗拒的历史命运和人物性格的弱点。马克思站在历史唯物主义高度，对喜剧的本质及其产生的根源作了全新的解释。在《雾月十八日》一书中，马克思通过每一个富有喜剧性的行动和场面的具体描写，说明了喜剧的根源既不在命运和性格，也不是出于个别人的作孽行为，归根到底是在于隐藏深处的社会物质生活条件。"②这也造就了马克思与其他单纯的喜剧作家的根本不同，马克思不是为了引人发笑而以喜剧的形式创作，相反，他在严肃的主题下发现了现实生活中喜剧的结构，正是小资产

① 李艳艳：《马克思在意识形态虚假性问题上的理论超越与当代启示》，《马克思主义研究》2017年第7期。

② 周勇胜：《〈雾月十八日〉与历史唯物主义》，陕西人民出版社1987年版，第116—117页。

阶级市侩的心理和自私的本性，使得其自身呈现出脱离现实的荒谬感，"在这种可笑的姿势中失去平衡，并且装出一副无可奈何的鬼脸，奇怪地跳几下，就倒下去了"①。而当迂腐的共和党派、民主党派及无能的小资产阶级和疯狂的保皇党派都必然地一个个倒下去后，无产阶级也就愈加接近胜利了。

　　如果说喜剧的风格构建出了这部著作的行文结构，那么语言也成为马克思填充内容的利器，鲜明的政治倾向与浓烈的情感色彩共同构成了《雾月十八日》的语言特色。"《路易·波拿巴》的语言就是箭和枪。它的风格就是烙印和格杀。如果憎恨、轻蔑、对自由的热爱曾经在什么地方用燃烧破坏和激昂的语句表达过，那就是在《路易·波拿巴的雾月十八日》这本书里，这书把塔西佗的严肃的忿怒、尤维纳利斯的尖刻的讽刺和但丁的神圣的怒火综合在一起了。"②在此意义上，《雾月十八日》成为科学和艺术系统结合的著作，既具备严谨的文本结构，又内含丰富的表达技巧，以犀利讽刺的语言揭露出历史事件背后的根本原因，成为文艺学研究的重要著作。

---

①《马克思恩格斯文集》第 2 卷，人民出版社 2009 年版，第 495 页。
② [法]保尔·拉法格：《回忆马克思恩格斯》，马集译，人民出版社 1973 年版，第 43 页。

第八章 《路易·波拿巴的雾月十八日》的理论贡献

马克思在《雾月十八日》中，运用历史唯物主义的原理，分析法国社会在阶级斗争中造就的特定局势和条件如何使得革命果实最终为路易·波拿巴所窃取，并据此分析特殊的历史事件背后蕴藏的历史发展动力，提炼出人类活动和历史运动的普遍规律。马克思深刻地指出人类活动受到历史条件限制，并非随心所欲地创造历史。马克思通过对比第一次法国革命和1848年革命的不同进程，指出两次革命进程看似追求的是同一历史传统，实质则有着不同的历史社会条件，1848—1851年是法国革命的下行时期。以法国历史和社会的不同维度作为参照，马克思从中挖掘出推动历史发展的决定性因素——阶级斗争，因此他看出了不同阶级力量在历史进程中所发挥的作用，并富有远见地预测了路易·波拿巴发动政变后法国的阶级社会矛盾将会终结其统治。

马克思在《雾月十八日》中提出了评价历史事件和历史人物的方法，深刻地指出历史的发展并不是由个人意志所决定的，而是各种复杂的因素共同作用的结果。因此，历史人物在一定的历史条件下，必然受到历史运动规律的约束。马克思针对"雾月十八日政变"及其前后历史过程的分析，不仅还原出路易·波拿巴的真实形象——他如何在不同势力的角斗过程中逐步走向 19 世纪中期法国政治权力的中心，而且分析了在这场持久的政治争斗中，不同阶级的代表势力做出的行为及其背后的动机。正是立足于科学的理论体系和分析框架，马克思才得以真正考察具体历史人物在历史事件中发挥作用的根本原因。

面对无产阶级在当时革命运动中的阶段性失利，马克思并没有将其看作偶然的历史结果，而是从国家、无产阶级自身及其盟友的层面进行深入思索。在马克思看来，资产阶级一旦掌握政权并且不再需要借助无产阶级推翻旧制度时，便会迅速转向与无产阶级为敌，其革命性因阶级利益的排他性而逐渐消解。而"拿破仑观念"在法国农民和底层百姓中的流行只是暂时的，只是因为在拿破仑统治时期，农民的利益与资产阶级的利益和资本尚能保持一定程度的协调。随着时间的推移，赋税逐渐成为农民产业发展的沉重负担，进而剥夺了他们抵御贫困的最后资源。在这种条件下，农民将城市无产阶级视为自己的天然同盟者和领导者，二者将朝着推翻资本主义制度的共同目标而努力。

《雾月十八日》整部著作以其政论式的写作风格、宏大的叙事视角、缜密的历史分析以及对法国社会历史和经济条件的整体分析，作出卓越的理论贡献。它揭示了人类活动和历史运动的客观规律，提出了评价历史事件和历史人物的科学方法，丰富了无产阶级专政理论，发展了马克思主义国家学说，对不断完善马克思主义世界观和方法论具有极为重要的价值。

一、揭示了人类活动和历史运动的客观规律

马克思恩格斯终其一生，始终把揭示人类活动和历史运动的客观规律当作理论研究的核心。《德意志意识形态》强调了物质生产在人类社会发展中的决定性作用以及生产力与交往形式的矛盾运动，这部著作中体现了两位作者对历史的看法："历史不外是各个世代的依次交替。每一代都利用以前各代遗留下来的材料、资金和生产力……在完全改变了的环境下继续从事所继承的活动，另一方面又通过完全改变了的活动来变更旧的环境。"①马克思在《雾月十八日》中对这一观点进行了继承与发扬。《共产党宣言》时期，马克思和恩格斯进一步深化了对生产力与交往形式的考察，将其运用于研究"每一历史时代的经济生产以及必然由此产生的社会结构"②。由此，他们发现社会历史发展的根本动力是围绕生产力与生产方式进行的斗争。在《雾月十八日》中，马克思深刻运用了这一观点，

---

① 《马克思恩格斯文集》第 1 卷，人民出版社 2009 年版，第 540 页。
② 《马克思恩格斯文集》第 2 卷，人民出版社 2009 年版，第 9 页。

并在对历史事件的分析中加以细化。此外，马克思详尽分析了历史发展的必然性与偶然性、经济基础与上层建筑的辩证关系，发现上层建筑的相对独立性不仅体现在它具有自身独特的发展规律和历史传承性，还显著地表现在它能够对经济基础产生反作用。《雾月十八日》将马克思认识人类活动和历史运动的科学方法，以超越哲学思辨的方式具体且深刻地表达出来，使人们在掌握唯物史观的基本原理和理解历史发展的客观规律之间构建起一座桥梁。

在《雾月十八日》中，马克思利用对黑格尔关于历史重复性幽默而生动的批判，道出了人们创造历史的背景："路德换上了使徒保罗的服装、1789—1814 年的革命依次穿上了罗马共和国和罗马帝国的服装……"，这是对古代传统的一种借用和改造，目的是赋予新的社会运动以革命的外衣和正当性。然而，变革之所以取得某种程度的成功，真正的原因是这些运动确切地道出了变革的必要性并得到了社会多数的支持。法国大革命时期伟大的历史人物赞美革命，目的是建立一个实现自由和平等、保障私有财产权的资本主义社会，并以此发动群众进行了推翻封建专制制度的革命运动。再看 1848 年的法国革命，它忽略了自身面临来自社会结构中的传统因素和现实因素的挑战——社会中存在的顽固积习和既得利益者的保守心态不同于法国大革命时期群众欢呼革命的热情；不同阶级和利益群体之间的分歧和冲突日益加剧，社会表面上的制度协调无法掩盖深层次的矛盾和对立，最终导致革命走向失败。马克思试图寻找不同历史现象之间的内在联系和因果关系，这使得他从法国革命中挖掘出了历史运动发展的客观规律。

第一，将历史发展的过程祛魅化，马克思通过分析法国社会在 19 世纪中叶所经历的资产阶级共和派的垮台、秩序党的壮大、路易·波拿巴的崛起这一系列看似偶然的历史事件，揭示了这些事件背后不同阶级的利益驱动、联合与斗争推动了历史变革，本质上这是一定生产关系中的特定阶级或具体人物能动创造历史的过程。革命的序幕时期，法国的政治舞台上汇聚了包括王朝反对派、共和派资产阶级、民主共和派小资产阶级以及社会民主派工人等多元化的政治力量，他们反对七月王朝的专制统治，从而走上革命反抗的道路。1848 年爆发的"二月革命"宣告旧王朝的统治走向终点，然而革命的道路并未顺利地"向上"前行。当法国人民对旧制度的普遍不满和革命传统的热情消退，各阶级之间日益增长的矛盾冲突便凸显出来——不同阶级和政党在这场革命之后进入相互对立的状态。从资产阶级共和国建立到议会制共和国的落幕，这一时期见证了资产阶级与无产阶级的双重失败，充分说明了历史进程并非沿着单一、线性的方向发展，而是充满矛盾的运动。

第二，将历史活动的情节实景化，从生产力与交往形式的角度出发，揭示出社会中不同因素对历史的推动作用。19 世纪中叶的法国社会，不同阶级、派别的政治诉求互相碰撞。马克思由此发现，当时社会结构的复杂性使得任何单一的力量都无法单独决定政治走向。"农村土地的小块化补充了城市中的自由竞争和正在兴起的大工业。……小块土地的界桩成为资产阶级抵抗其旧日统治者的一切攻击的自然堡垒。"①路易·波拿巴崛起的重要背景是法国社会中存在对"拿破仑观念"以及相关的生产所有制形式的崇拜。农民将小块土地所有制视作最重要的物质利益，无法看清小块土地所有制已经沦为资产阶级榨取利息和收取地租的重要手段。历史变革时期留下的生产关系和所有制形式仍然深刻地影响着社会大众，因此，路易·波拿巴登基上位的历史不仅仅是个人意志的体现，更是当时社会历史条件下各方博弈的必然产物。"这个人所负的这种充满矛盾的使命，就可以说明他的政府的各种互相矛盾的行动。这个政府盲目摸索前进，时而拉拢这个阶级，时而又拉拢另一个阶级，时而侮辱这个阶级，时而又侮辱另一个阶级，结果使一切阶级一致起来和它作对。"②马克思将各个阶级的行动与法国社会的经济结构、历史条件统一起来，使人们能够发现政治关系的转变源自生产力与交往形式的改变这一规律。

第三，将历史事件的分析结构化，具体阐释社会转型时期政治上层建筑和观念上层建筑具有相对独立性，以及历史发展的偶然性寓于必然性的原理。18 世纪法国大革命以降，新的生产关系、社会制度和文化观念在法国社会中出现，落后的社会意识逐渐阻碍社会生产力的发展，并且与社会变革的需求

① 《马克思恩格斯文集》第 2 卷，人民出版社 2009 年版，第 569 页。
② 《马克思恩格斯文集》第 2 卷，人民出版社 2009 年版，第 575 页。

相悖。议会制共和国的统治便显示出资产阶级的政治关系和观念意识落后于社会关系的种种迹象。一方面，当传统的政治手段和法律框架已经无法有效应对当前的挑战时，他们将希望寄托在拿破仑三世这样的强人身上。"法国要求的首先是安宁。"①这既是波拿巴的口号，也是秩序党的心声。资产阶级害怕失去在革命斗争中获得的政治地位和利益，选择回避与波拿巴在争夺行政权层面的直接冲突。另一方面，当面对渴望进一步变革的农民和无产阶级时，资产阶级果断地使用暴力来维护自己的统治。马克思如此评价资产阶级："它自己曾以暴力加强了农民阶级对帝制的信赖，它曾把这种农民宗教产生的条件保留下来。当群众墨守成规的时候，资产阶级害怕群众的愚昧，而在群众刚有点革命性的时候，它又害怕起群众的觉悟了。"②资产阶级在面对社会动荡和危机时无法找到正确的药方，不再能联合工人、小农等阶级的力量时，历史呈现出一幅讽刺的场景，那便是法国资产阶级高呼"只有盗贼还能拯救财产；只有假誓还能拯救宗教；只有私生子还能拯救家庭；只有无秩序还能拯救秩序！"③法国资产阶级软弱、短视和缺乏政治魄力的特点，使得资本主义社会内在矛盾不断被激化、阶级斗争日益尖锐成为必然结果，进一步让资产阶级革命倒向君主制复辟。

---

①《马克思恩格斯文集》第 2 卷，人民出版社 2009 年版，第 527 页。
②《马克思恩格斯文集》第 2 卷，人民出版社 2009 年版，第 568 页。
③《马克思恩格斯文集》第 2 卷，人民出版社 2009 年版，第 574 页。

《雾月十八日》是马克思将历史唯物主义的观点和方法应用于研究现实的人类社会及其发展规律的卓越范例，充分说明历史唯物主义不是刻板教义，而是观察世界的活的方法。历史人物往往不自觉地充当着特定阶级代言人的角色，这一现象深刻揭示了意识形态领域的错综复杂以及阶级利益背后隐藏的玄机。在阐述立场之际，这些代表的行为与言论无不受其个人教育背景、生活环境及所属阶级的深刻影响，他们的所有行动与决策最终服务于其所属阶级的根本利益。然而，由于对自身阶级属性的认知可能存在的局限或回避，历史舞台上时常上演着角色错位与内在矛盾的戏剧，历史的真实面貌更加扑朔迷离。马克思的卓越之处，在于他超越了传统历史评论家的视角，没有仅仅停留在对表面现象的描述或道德评判上，而是运用其科学的历史唯物主义观点，深入剖析了这些矛盾背后的社会经济结构根源。他以人类活动和历史发展的客观规律为原点，深入社会生活的深层结构中，由此指出路易·波拿巴政变并非偶然的现象，而是法国 19 世纪中叶特定历史条件下的必然产物。

二、提出了评价历史事件和历史人物的科学方法

　　马克思在评价历史事件和人物时展现出深邃的历史洞察力与哲学思辨能力，他巧妙地吸收黑格尔看待历史的思辨性优点，又用科学的方法实现对历史事件和人物的全面评价。马克

思通过对"悲剧"与"笑剧"进行比照，展现出历史复杂性和动态性的深层次问题。马克思运用生产力与生产关系、经济基础与上层建筑之间的矛盾运动这一理论框架，指出历史事件的发展进程充满了矛盾、冲突与多种力量的交织，还原了历史的真实面貌，避免被单一的历史叙述所误导。

马克思的历史评论不仅仅是对过去事件的简单回顾，更是特定时期社会意识在经济、政治、文化等多领域的高度体现。雨果作为资产阶级共和党人，其立场和世界观限制了他对政变的深刻理解。在《小拿破仑》中，雨果以目击者的视角生动具体地描述了路易·波拿巴的政变，深刻表达了对受害者的同情和对政变的愤怒。但是，这一作品缺乏进一步的历史分析，未能看到政变本身是资产阶级倒退的必然结果。因此，雨果没有意识到他在批判和鄙夷政变的同时适得其反地将原本要描写成小人的波拿巴描写成了巨人。蒲鲁东作为小资产阶级的代表，在解读历史事件和人物时体现出小资产阶级的立场。在《从十二月二日政变看社会革命》中，蒲鲁东通过历史事件发生的合理性与必然性视角，将政变理解为以往历史发展的结果。马克思深刻地指出，蒲鲁东为路易·波拿巴进行的辩护不自觉地掩盖了政变背后的阶级矛盾和权力斗争，陷入了"客观历史编纂学家所犯的错误"①。通过对比雨果和蒲鲁东对路易·波拿巴政变的批判性解读，马克思深刻地揭示了唯心史观

---

① 《马克思恩格斯文集》第 2 卷，人民出版社 2009 年版，第 466 页。

的局限性，引出唯物史观在历史事件和人物分析方面的科学性要求。

第一，马克思从历史事件中发现各个阶级单一力量存在局限性，行动不成熟：资产阶级革命，如 18 世纪的革命能快速地达到顶点，但它无法与当时的社会存在相适应便走向消沉；无产阶级革命，如 19 世纪的革命则时常陷入对初次行动的弱点和局限的畏惧中，在自身的目标前再三往后退却①。当巴黎无产阶级认识到国民议会的成立是把"革命的结果降低到资产阶级的水平"②时，他们试图通过暴力手段阻止代表资产阶级利益的国民议会的成立，从而达到推翻旧制度的目的。然而，旧的社会力量在面临社会变革的威胁时集结起来，用暴力手段阻止社会变革的进程。之后，资产阶级共和派在掌握制宪议会时，没有真正对民主和自由给予保障。无论是人民选举权还是宪法规定的"法国公民的绝对权利"都受到公共安全以及资产阶级自身利益的制约。制宪议会在其后期承认"资产阶级各保皇集团是它所建成的共和国中的当然首脑"，"违背宪法就是实现宪法"③，成为名存实亡的机构。而随着秩序党的上台，作为资产阶级共同统治框架的共和制无法获得其他社会阶级的认可，还面临国内保皇派和其他资产阶级势力的挑战，最终在内外交困的局面中走向衰落。资产阶级与无产阶级的对

---

① 《马克思恩格斯文集》第 2 卷，人民出版社 2009 年版，第 474 页。
② 《马克思恩格斯文集》第 2 卷，人民出版社 2009 年版，第 477 页。
③ 《马克思恩格斯文集》第 2 卷，人民出版社 2009 年版，第 131 页。

立、上层建筑与经济基础的脱节以及动荡不安的时局，共同推动了历史车轮的行进，促使一场旨在摆脱传统束缚、以纯粹形态展现国家权力与社会对立的"模仿帝国的滑稽剧"成为必然。

第二，通过分析历史人物的社会表现和阶级属性，揭示历史人物的登台离不开当时的历史环境与时局的铺垫这一事实，由此批判了历史事件由个人意志或偶然因素所决定的观点。马克思在众多人物事件的表象中发现了法国各阶级对杰出人物的幻想和需要，特别是历史活动中，这些"假英雄"的塑造往往伴随着政治宣传的推波助澜。秩序党由于自身缺乏杰出人物，"不得不把整个阶级所缺乏的力量凭空移到一个人身上，以这种办法使他膨胀为一个巨人"[①]，他们将全部希望寄托在尚加尔涅身上，将他塑造成"社会中坚"和"当代的亚历山大"。这种神话般的形象在现实中显得空洞且可笑，在波拿巴与尚加尔涅之间的斗争中更是暴露无遗。而更显著的例子无疑是路易·波拿巴，他凭借着模仿拿破仑的政治手腕和军事策略，成功地将自己塑造为拿破仑继承者的形象。虽然波拿巴本人可能错误地将自己的影响力归因于名字的魔力和模仿拿破仑的作风，但实际上，政变成功的关键不在于他个人的意志或模仿前人的滑稽行动，而在于当时法国阶级斗争的特定历史条件。马克思无情地戳破了笼罩在路易·波拿巴身上的虚假光

---

①《马克思恩格斯文集》第 2 卷，人民出版社 2009 年版，第 185 页。

环，指出他是一个"骄横的流氓无产者，他比无耻的资产者有一个长处，这就是他能用下流手段进行斗争"①。

第三，关注人民群众对社会历史发展的感知能力，将人民的思想意识和行为水平纳入历史前进因素的考虑之中。尽管人民对于历史和政治的感知形式较为朴素和直观，但其背后也蕴含着非凡的智慧。马克思用 1849—1850 年当局对"葡萄酒税"的态度举例指出，"农民具有一种父子相传的特有的历史传统，他们已从这一历史经验中形成了一种信念：任何一个政府要想欺骗农民时，就答应他们废除葡萄酒税，而当它一旦骗取了农民的信任时，就把葡萄酒税保留或恢复起来"②。通过这一套朴素的政治判断标准，农民可以知道彼时政府诚信与否，因为这直接关乎农民的生计。拿破仑曾在圣赫勒拿岛上反思认为，恢复葡萄酒税是导致他垮台的原因之一，"这使法国南部的农民脱离了他"③。马克思引用这一材料无疑是在讽刺路易·波拿巴对农民作出的虚假承诺，"秩序的宗教轻率地失去了农民，耶稣会会士轻率地失去了农民，波拿巴轻率地失去了农民。1849 年 12 月 20 日不可挽回地断送了 1848 年 12 月 20 日的名声"④。农民对"赋税尊崇为天神"⑤的反对一方面

---

①《马克思恩格斯文集》第 2 卷，人民出版社 2009 年版，第 531 页。
②《马克思恩格斯文集》第 2 卷，人民出版社 2009 年版，第 158 页。
③《马克思恩格斯文集》第 2 卷，人民出版社 2009 年版，第 157 页。
④《马克思恩格斯文集》第 2 卷，人民出版社 2009 年版，第 157 页。
⑤《马克思恩格斯文集》第 2 卷，人民出版社 2009 年版，第 157 页。

转变为对波拿巴的不满，宣称要收回一年前投给"伯父的侄子"的选票，另一方面则在思想上逐渐转向了"无神论"和社会主义的怀抱。

马克思对法国历史和社会现实的熟知促成了他评价历史事件和历史人物的科学方法，他以"雾月十八日"所隐喻的，不仅是具体历史事件或人物的惊世骇俗之处，更有对政治经济态势的敏锐感知。在马克思看来，资产阶级表面的"共和观念"是各个不同阶级、党派之间维系暂时秩序的共同话术。波拿巴从 1848 年 12 月 10 日的中立人物摇身一变，不仅掌握行政权，而且"成为一定利益的中心"①，人们不得不暂时地承认其地位。虽然历史事件中的人物在历史进程中扮演着重要的角色，但他们的作用是有限的，不能决定和改变历史发展的方向。无论是资产阶级共和派的统治还是拿破仑三世时期的统治，都无法脱离历史的普遍规律，将在社会矛盾的累积与无产阶级的团结行动中走向终点。

三、丰富了无产阶级专政理论

马克思在《雾月十八日》中对于法国阶级斗争的形势进行了系统性的反思，指出"19 世纪的社会革命不能从过去，而只能从未来汲取自己的诗情。……从前的革命需要回忆过去

①《马克思恩格斯文集》第 2 卷，人民出版社 2009 年版，第 151 页。

的世界历史事件，为的是向自己隐瞒自己的内容。19 世纪的革命一定要让死人去埋葬他们的死人，为的是自己能弄清自己的内容"①。马克思在对 1848—1849 年革命任务进行历史分析时指出，资产阶级共和国的实质是"一个阶级对其他阶级实行无限制的专制统治"②，其公开目的是"使资本的统治和对劳动的奴役永世长存"③。由于无产阶级的存在是资产阶级生存的条件，资产阶级统治必然通过暴力手段维持。这种阶级矛盾的不可调和性，决定了无产阶级不能依附于资产阶级，而是要展开斗争，即"工人革命的第一步就是使无产阶级上升为统治阶级，争得民主"④。在马克思看来，无产阶级在社会变革中发挥了主体性作用，但这种主体地位和变革力量并不是自发形成的，而是通过建立无产阶级专政和工农联盟的方式来实现的。

马克思深刻批判了资产阶级对无产阶级的虚假承诺，揭示了两者价值观的不同。无产阶级在最初推进革命进程时，由于缺乏科学理论的指导，价值观受到资产阶级思想的影响，表现出明显的不彻底性。马克思在《雾月十八日》中写道，"在二月街垒战中产生出来的临时政府，按其构成成分必然反映出分享胜利果实的各个不同的党派"，"工人阶级只有两个代

---

① 《马克思恩格斯文集》第 2 卷，人民出版社 2009 年版，第 473 页。
② 《马克思恩格斯文集》第 2 卷，人民出版社 2009 年版，第 479 页。
③ 《马克思恩格斯文集》第 2 卷，人民出版社 2009 年版，第 104 页。
④ 《马克思恩格斯文集》第 2 卷，人民出版社 2009 年版，第 52 页。

表：路易·勃朗和阿尔伯"。①资产阶级在面对工人群众的强
大反对力量时，选择了表面上的妥协，即设立卢森堡委员会。
这种妥协看似是为了回应工人的诉求，维护他们的利益，但实
际上却是一种权宜之计。而无产阶级提议建立"劳动部"，幻
想着依靠这一看似具有社会主义特点的部门来保障自身权益。
1850 年，巴黎的工商业蓬勃发展，为广大无产阶级提供了充
足的就业机会。由于生活条件得到一定改善，许多无产阶级对
现有的利益感到满足，忽视了长远利益和政治斗争，非但无力
阻止普选权被废除，反而助长了波拿巴派的气焰。正如马克思所
说，"不去利用旧世界自身所具有的一切强大手段来推翻旧世
界，却企图躲在社会背后，用私人的办法，在自身的有限的生存
条件的范围内实现自身的解救，因此必然是要失败的"②。

　　巴黎无产阶级在"六月革命"中的稚嫩性说明了无产阶
级革命必须借助自身的力量，而不能依靠资产阶级继承的历史
传统、观念与口号。第二共和国时期，法国社会的生产关系以
资本主义私有制为核心，资本家购买工人的劳动力，但在此过
程中，工人阶级只能得到维持生计的最低工资。高利贷者和新
资产阶级通过剥夺农民和工人阶级的财富来积累自己的资本。
无产阶级逐渐意识到自己在经济关系中的不平等地位和政治力
量的边缘化。法国无产阶级，尤其是巴黎工人逐渐觉醒并展开

---

①《马克思恩格斯文集》第 2 卷，人民出版社 2009 年版，第 85 页。
②《马克思恩格斯文集》第 2 卷，人民出版社 2009 年版，第 478 页。

缩短工作时间、提升社会地位与争取政治权利的斗争。"大城市是工人运动的发源地,在这里,工人首先开始考虑自己的状况并为改变这种状况而斗争;在这里,首先出现了无产阶级和资产阶级的对立……如果没有大城市,没有大城市推动社会智慧的发展,工人决不会进步到现在的水平。"①

要实现被压迫阶级的彻底解放,无产阶级革命不能孤立地进行,而必须与其他被剥削阶级联合起来,形成广泛的"革命合唱"。生活条件的两极化是剥削阶级与被剥削阶级对立的直接表现,经济上贫富差距的扩大,以及工业化、城市化带来的社会结构转型是阶级矛盾集中爆发的催化剂。马克思和恩格斯指出,"工业的进步把统治阶级的整批成员抛到无产阶级队伍里去,或者至少也使他们的生活条件受到威胁"②,"在法国,那些站在无产阶级方面反对资产阶级的著作家,自然是用小资产阶级和小农的尺度去批判资产阶级制度的,是从小资产阶级的立场出发替工人说话的"③。

农民阶级同工人一样遭受生产所有制的剥削,在资产阶级专政的背景下已经有所觉醒和反抗,是无产阶级联合的主要对象。在拿破仑时期,小块土地所有制被广泛推广,土地作为农民赖以生存的主要生产资料,这一举措虽旨在促进农业,却意外地加重了农民的负担。农民不仅会遭受来自资本家的经济

① 《马克思恩格斯文集》第 1 卷,人民出版社 2009 年版,第 436 页。
② 《马克思恩格斯文集》第 2 卷,人民出版社 2009 年版,第 41 页。
③ 《马克思恩格斯文集》第 2 卷,人民出版社 2009 年版,第 56 页。

剥削，还背负着国家行政机构庞大的赋税重担，这些赋税成为维持整个国家行政机器运转的基础。随着时间的推移，这种赋税体系逐渐演变成了农民产业发展的沉重枷锁，剥夺了他们抵御经济风险的最后一道防线。

马克思在 1852 年写给魏德迈的信中指出，"阶级的存在仅与生产发展的一定历史阶段相联系"①。这意味着在不同的社会形态下，阶级关系和阶级斗争的性质和形式也会发生变化。资本主义促进生产力发展、推动社会关系变革以及促使更高社会形态的演进，这是其历史进步性的一面。但是，资本主义社会仍然建立在私有制和阶级分化的基础上，这并不是"普遍的人的解放的最后形式"②，因为"旧唯物主义的立脚点是市民社会，新唯物主义的立脚点则是人类社会或社会的人类"③。在社会的演进和变革中，马克思认为"国家"这一政治组织形式有可能成为人们从束缚中解放出来的工具。无产阶级作为社会生产的直接参与者，与先进生产力有着密切的联系。随着工业化和机器化的发展，无产阶级的力量不断增强，开始成为推动社会变革的主要力量。无产阶级与先进生产力的紧密结合将赋予其强大的革命性，无产阶级专政则是实现生产力发展和社会变革的重要手段。

---

① 《马克思恩格斯文集》第 10 卷，人民出版社 2009 年版，第 106 页。
② 《马克思恩格斯文集》第 1 卷，人民出版社 2009 年版，第 32 页。
③ 《马克思恩格斯文集》第 1 卷，人民出版社 2009 年版，第 502 页。

四、发展了马克思主义国家学说

《雾月十八日》由"六月革命"的失败引向对欧洲社会所面临的更深层次的问题探讨,即人们仅仅争论"共和国还是君主国"这样的政治形式问题,并不能解决欧洲社会的根本矛盾。资产阶级共和国在法国的建立,并不意味着所有社会阶级都能平等地享有权利和自由。国家是社会经济关系的反映,不能脱离社会生产关系而独立存在,因此国家实际扮演的是资产阶级作为统治阶级对其他阶级实行专制统治的一种政治形式。为了打破这一局面,马克思认为无产阶级革命要取得胜利,就必须打碎资产阶级的国家机器,同时应当建立无产阶级的国家机器。这一重要论述为无产阶级的斗争与建设提供了方向和指引。

早在《德法年鉴》时期,马克思便认识到国家与社会之间的紧张对立关系。要消解资产阶级国家与社会之间的对立,就必须从根本上消灭资本家占有生产资料、剥削雇佣劳动的生产关系。马克思认为,要使被压迫阶级获得解放,就必须消除现存的生产力和社会关系。"在一切生产工具中,最强大的一种生产力是革命阶级本身。"①昔日的革命可以运用华丽的辞藻与响亮的口号来激发民众参与的激情,而今的革命者则要更

---

① 《马克思恩格斯文集》第 1 卷,人民出版社 2009 年版,第 655 页。

加注重实际内容和行动效果，以实现革命的目标。革命之所以能够形成并壮大一个阶级，是因为旧社会已经产生了相应的生产力，这表明革命是在一定的社会经济条件下进行的，工人能从自身地位中找到斗争内容和材料。法国工人阶级并无这样先天的有利地位。只有在工业资产阶级统治下，工业无产阶级才能创造出现代生产资料并且清除封建社会的物质根基，从而获得全国范围的存在，这种地位能推动其成为全国规模的革命力量。

《雾月十八日》不仅仅是马克思应对时事所写的政治评论文章、法国政治社会斗争的知识手册，马克思的许多论述还指向了一条规律：革命联盟的瓦解，即阶级矛盾的尖锐化，一方面促成了无产阶级的组织化、小资产阶级幻想的泯灭，另一方面也容许偶然因素在特定的场景中获得无限的意义，进而决定历史的整体方向。资本主义社会中，工人、农民乃至小资产者缺乏主导政治决策和管理国家事务的能力，只有工人运动上升为无产阶级革命，建立起能代表无产阶级利益的政党，无产者才能真正获得政治自由和个人解放。无产阶级政党是在生产力发展水平较低、阶级矛盾存续明显的时候实行无产阶级专政的政治实体。这一观点揭示了无产阶级在社会变革中的决定性作用，也说明了民主制度在实现共产主义目标过程中的关键地位。此外，无产阶级需要由其政党作出科学的理论分析及指导，才能明确独立的政治目标、认清阶级斗争的形势并争取同盟者。列宁运用这一观点，在后续的历史中评价道，如果工人阶级及其政党不能在科学理论指导下保持阶级意识的自觉性和独立性，那么"它在事实上并不独立，并没有力量对事变的进程刻上自己的无产阶级独立性的标记"①。

通过创立马克思主义国家学说，马克思成功补上了对路易·波拿巴的雾月十八日事件批判的最后一环，指出制度本身无法避免成为保守势力倒转历史车轮的工具。在这个意义上，我们从 1848 年底法国大选的结果、1849 年制宪议会的解散以及同年山岳党的起义失败中可以看到，不同阶级的利益需求和力量对比已经公开化。包括无产阶级与资产阶级在内，社会各个阶级之间的斗争是推动社会发展的直接动力，这是唯物史观的主旨所在。无产阶级对国家的阶级性和社会性的理解，是革命理论重要的组成部分。资产阶级的任何集团都不可能代表无产者的基本利益甚至全部利益。因此，要实现自身的解放，就必须打碎资产阶级国家机器，从而真正使国家和社会协调发展。拥有马克思主义国家观，无产阶级便开启了书写社会历史的全新篇章，因此恩格斯预言道："只要进一步发挥我们的唯物主义论点，并且把它应用于现时代，一个强大的、一切时代中最强大的革命远景就会立即展现在我们面前。"②

---

① 《列宁选集》第 1 卷，人民出版社 1995 年版，第 561 页。
② 《马克思恩格斯文集》第 2 卷，人民出版社 2009 年版，第 597—598 页。

第九章 《路易·波拿巴的雾月十八日》的当代丰碑

马克思曾指出："现代历史著述方面的一切真正进步，都是当历史学家从政治形式的外表深入到社会生活的深处时才取得的。"[①]作为研究 19 世纪法国社会历史演变的必读作品，《雾月十八日》不仅彰显了马克思主义学说的理论魅力，更重要的是，它告诉了后人应当以什么样的方式发展马克思主义，以什么样的原则开展无产阶级伟大斗争。当今的世界历史还处在马克思主义所指明的大时代中，马克思主义基本理论依然是人们观察社会事件和历史趋势的理论依据，马克思主义经典著作始终在不断重新地确定自身当代性的过程中获得新的理论空间。在新的时代品读《雾月十八日》，不仅要将它视为生动的"教材"，从中感悟和汲取马克思主义的科学原理和科学精神，更要将其作为"活化石"，从中传承和发扬社会主义革命和建设事业的科学智慧。

---

① 《马克思恩格斯全集》第 12 卷，人民出版社 1962 年版，第 450 页。

一、马克思主义的世界观是鲜活的方法论

科学上的理论变革源于一定时代的物质生产与交往活动的变革。各个历史时期的"理论思维"①，包括当代的理论思维，均是历史发展的产物。这种思维在不同历史阶段展现出迥异的形式与内涵，反映了各个时代的特定社会结构与精神状况。恩格斯始终反对人们教条化地对待马克思主义，并反复告诫人们，马克思主义是科学的世界观和方法论，只有立足当下实践，面对时代问题，做到活学活用，才能将其当作行动的科学指南。1895 年 3 月，恩格斯在写给韦尔纳·桑巴特的信中精辟地指出，"马克思的整个世界观不是教义，而是方法。他提供的不是现成的教条，而是进一步研究的出发点和供这种研究使用的方法"②。所谓教义，一般是指一种宗教所信奉和宣扬的神学思想。马克思主义的世界观不是教义，它并不是高高在上、供人们膜拜的信条，而是能被人们认识、掌握、发展的一种认识世界和改造世界的方法。恩格斯关于"马克思的整个世界观不是教义，而是方法"的重要论断涉及一个重大问题，即"什么是马克思主义，如何对待马克思主义"，而如何回答这个问题是区分真假马克思主义者的根本标志。

---

① 《马克思恩格斯文集》第 9 卷，人民出版社 2009 年版，第 436 页。
② 《马克思恩格斯文集》第 10 卷，人民出版社 2009 年版，第 691 页。

作为一种科学的理论体系，马克思主义以其创新性深刻阐释了人类社会的发展规律。恩格斯在《在马克思墓前的讲话》中指出，"正像达尔文发现有机界的发展规律一样，马克思发现了人类历史的发展规律"。"不仅如此，马克思还发现了现代资本主义生产方式和它所产生的资产阶级社会的特殊的运动规律。由于剩余价值的发现，这里就豁然开朗了，而先前无论资产阶级经济学家或者社会主义批评家所做的一切研究都只是在黑暗中摸索"。①基于唯物史观和剩余价值理论"两个发现"的理论创新，马克思深刻论述了人类社会发展的普遍性规律以及资本主义经济体系的特殊运行机制，从而实现了社会主义理论从空想到科学的转变。这一理论转变不仅为人类社会从必然王国向自由王国的演进提供了方向指引，而且为人民追求自由和解放的路径提供了理论支撑。历史经验与实践应用的反复验证已经表明，马克思主义不仅具有真理性，而且构成了我们认识世界、解析问题、解决问题的科学世界观和方法论。对于中国共产党而言，马克思主义在党克服重重困难、推动各项事业发展的过程中，发挥了强大的思想指导和精神动力的作用。"中国共产党为什么能，中国特色社会主义为什么好，归根到底是马克思主义行。"②100 多年来，中国共产党人始终坚持用马克思主义科学真理武装全党，不断推进马克思主义中

<hr />

① 《马克思恩格斯文集》第 3 卷，人民出版社 2009 年版，第 601 页。
② 习近平：《在庆祝中国共产党成立 100 周年大会上的讲话》，人民出版社 2021 年版，第 13 页。

国化、时代化，以指导革命、建设和改革实践。真正的马克思主义者，必须毫不动摇地坚持马克思主义，旗帜鲜明地反对任何形式的背离或否定马克思主义的行为。

　　马克思主义是不断发展的开放的理论，始终站在时代前沿。马克思主义作为真理，绝不是封闭的、僵化的、凝固不变的理论。作为马克思主义的创始人，马克思和恩格斯从未将马克思主义当作"终极真理"，而是始终坚持马克思主义的开放性，在系统考量时代进步和具体实践的基础上，对自身的理论观点进行持续反思和自我批判，并实现理论上的自我超越，这是马克思主义自身不断完善和发展的重要法宝。马克思主义发展史究其实质是马克思、恩格斯及其历史继承者根据时代变迁、实践经验和历史认识不断发展马克思主义的历史。《共产党宣言》作为马克思主义奠基之作，通过不断再版的形式而丰富和发展自身的理论内涵。如同马克思、恩格斯在文中指出，"不管最近 25 年来的情况发生了多大的变化，这个《宣言》中所阐述的一般原理整个说来直到现在还是完全正确的"，并且"这些原理的实际运用，正如《宣言》中所说的，随时随地都要以当时的历史条件为转移"①。可见，与时俱进是马克思主义的理论本色，它凸显了马克思主义理论的开放性和时代性，这不仅是理论品质与生命力的核心所在，更是我们科学对待马克思主义的根本要求。真正的马克思主义者，必须与时俱进地

①《马克思恩格斯文集》第 2 卷，人民出版社 2009 年版，第 5 页。

发展马克思主义，旗帜鲜明地反对以任何形式的教条主义态度对待马克思主义。正如习近平总书记指出的，"把坚持马克思主义和发展马克思主义统一起来，结合新的实践不断作出新的理论创造，这是马克思主义永葆生机活力的奥妙所在"①。

马克思主义作为一种实践导向的理论体系，为人民改造世界的实践活动提供了理论指导。正如马克思所指出，"全部社会生活在本质上是实践的"②，相较于哲学家们用以解释世界的理论，马克思主义最重要的理论品质在于"改变世界"③。而实践性则是马克思主义理论区别于其他理论体系的显著特征。马克思主义的实践性从根本上决定了其与社会现实生活、广大人民群众的社会实践以及具体时代条件的紧密联系，赋予了其持续的创新活力和生命力。恩格斯在 1886 年 1 月写给爱德华·皮斯的回信中便鲜明地指出："我所在的党并没有任何一劳永逸的现成方案。我们对未来非资本主义社会区别于现代社会的特征的看法，是从历史事实和发展过程中得出的确切结论；不结合这些事实和过程去加以阐明，就没有任何理论价值和实际价值。"④理论脱离实际会沦为空谈，脱离理论的实践同样是盲目的实践。理论源于实践，其正确性需通过实践检

①《结合中国特色社会主义伟大实践加快构建中国特色哲学社会科学》，《光明日报》2016 年 5 月 18 日。

②《马克思恩格斯文集》第 1 卷，人民出版社 2009 年版，第 501 页。

③《马克思恩格斯文集》第 1 卷，人民出版社 2009 年版，第 502 页。

④《马克思恩格斯文集》第 10 卷，人民出版社 2009 年版，第 548 页。

验，并在实践中得到丰富和发展；理论只有与实际紧密结合，才能有效指导实践，实现其价值和意义。若理论脱离实际，便会沦为僵化的教条，失去活力。对待马克思主义，关键在于不能不顾实际生搬硬套理论，而应结合具体情况具体分析，灵活运用。真正的马克思主义者必须立足实践，反对用实用主义的态度指导实践。马克思主义不是脱离社会生活和社会实践的抽象理论，而是深植于实践、服务于实践并在实践中不断发展的生动理论。它在指导无产阶级革命实践的过程中实现自己的历史使命，并在这一过程中不断经受检验，获得丰富和发展。

马克思主义不是教义而是方法，这一论断突出了马克思主义世界观、方法论的重要性。马克思主义世界观、方法论集中体现为辩证唯物主义和历史唯物主义，是马克思主义立场、观点、方法的集中体现，为我们认识世界、改造世界提供了强大思想武器。辩证唯物主义集中反映了人类认知和理解在其运动过程中呈现出的发展规律，即"在对现存事物的肯定的理解中同时包含对现存事物的否定的理解，即对现存事物的必然灭亡的理解"①。历史唯物主义是关于人类社会发展一般规律的科学，要求我们以历史的眼光看待和解决现实问题。解放思想、实事求是、与时俱进、求真务实、守正创新是马克思主义世界观、方法论的重要特征，也是辩证唯物主义和历史唯物主义的内在要求。贯彻这一内在要求，就必须旗帜鲜明地反对

---

① 《马克思恩格斯文集》第 5 卷，人民出版社 2009 年版，第 22 页。

"本本主义"。毛泽东指出："马克思主义的'本本'是要学习的，但是必须同我国的实际情况相结合。我们需要'本本'，但是一定要纠正脱离实际情况的本本主义。"①"本本主义"就是教条主义，教条主义是在没有进行充分调查工作的前提下，把马克思主义理论和抽象经验教条化的错误思想倾向，这种思想倾向必然会在唯心主义基础上导致机会主义或盲动主义。中国特色社会主义进入新时代，习近平总书记指出："对待马克思主义，不能采取教条主义的态度，也不能采取实用主义的态度。"②这既是对党百年来认识和把握事物基本方式的凝练概括，也是在新的历史阶段中，对马克思主义世界观、方法论的辩证思维特点及其深刻科学性与革命性的进一步揭示。

中国共产党的百年奋斗史就是依托实践、坚持"两个结合"，对马克思主义守正创新的理论探索史。马克思主义关注实际、立足实践的内在要求决定了，离开中国人民的实际境遇与文化基因，马克思主义在中国就失去了自我革新、自我升华的实践基础，只能沦为抽象的概念，成为僵死的术语体系，无法充当认识世界和改造世界的理论中介。毛泽东指出："只会片面地引用马克思、恩格斯、列宁、斯大林的个别词句，而不会运用他们的立场、观点和方法，来具体地研究中国的现状和

① 《毛泽东选集》第 1 卷，人民出版社 1991 年版，第 111—112 页。
② 习近平：《更好把握和运用党的百年奋斗历史经验》，《求是》2022 年第 13 期。

中国的历史，具体地分析中国革命问题和解决中国革命问题。这种对待马克思列宁主义的态度是非常有害的。"①改革开放和社会主义现代化建设伊始，《实践是检验真理的唯一标准》一文就指出："社会主义对于我们来说，有许多地方还是未被认识的必然王国。我们要完成这个伟大的任务，面临着许多新的问题，需要我们去认识，去研究，躺在马列主义毛泽东思想的现成条文上，甚至拿现成的公式去限制、宰割、裁剪无限丰富的飞速发展的革命实践，这种态度是错误的。"②这一重要判断引发了关于真理标准问题的大讨论，有效改变了思想僵化的状态，批判了极左思潮，为党的十一届三中全会奠定了思想基础，也是马克思主义不是教义而是方法的生动体现。正是由于关注实际、立足实践，马克思主义才在中国落地生根、深入人心，彰显出强大生机与活力，不断实现中国化、时代化，及时回答中国之问、世界之问、人民之问、时代之问。

二、阶级观点是读懂社会历史走向的法宝

在《共产党宣言》的开篇，马克思、恩格斯就指出，"至今一切社会的历史都是阶级斗争的历史"③。这一论断强

---

① 《毛泽东选集》第 3 卷，人民出版社 1991 年版，第 797 页。
② 《实践是检验真理的唯一标准》，《光明日报》1978 年 5 月 11 日，第 1 版。
③ 《马克思恩格斯文集》第 1 卷，人民出版社 2009 年版，第 31 页。

调了阶级斗争在阶级社会发展中的核心地位，指出了理解阶级社会发展的关键在于阶级斗争。他们进一步阐释道，在文明的初始阶段，生产活动即根植于阶级之间的对立关系之上，而最终则表现为资本积累过程中劳动与直接劳动之间的对抗。对抗性被视为进步的催化剂，这一规律贯穿于迄今为止的文明发展历程。迄今为止，"生产力就是由于这种阶级对抗的规律而发展起来的"①。在马克思主义的理论架构中，阶级观念与阶级分析法构成了其核心立场与方法论，是马克思主义本质、特征及其独特性的集中体现。列宁指出，要把"社会划分为阶级的事实，阶级统治形式改变的事实"②，即明确承认社会分层为不同阶级的现状及其统治形态的历史演进，视作分析社会问题的根本指导原则。在此基础上，应用这一视角对经济、政治、意识形态以及宗教等社会现象的各个层面进行深入剖析。他甚至强调，"阶级关系——这是一种根本的和主要的东西，没有它，也就没有马克思主义"③。马克思主义的阶级分析方法论，为人们准确理解历史进程与掌握历史发展规律提供了指导纲领，为无产阶级革命运动的理论构建与实践推进提供了行动指南。

　　阶级和阶级斗争观点是唯物史观的基本观点。恩格斯指出："用'历史唯物主义'这个名词来表达一种关于历史过程

---

① 《马克思恩格斯全集》第 1 卷，人民出版社 1958 年版，第 104 页。
② 《列宁选集》第 4 卷，人民出版社 2012 年版，第 30 页。
③ 《列宁全集》第 41 卷，人民出版社 2017 年版，第 92 页。

的观点……这种观点认为，一切重要历史事件的终极原因和伟大动力是社会的经济发展，是生产方式和交换方式的改变，是由此产生的社会之划分为不同的阶级，是这些阶级彼此之间的斗争。"[①]阶级既是一个经济范畴，同时也是一个历史范畴。列宁在《伟大的创举》中给"阶级"下了一个定义，指出阶级是指在特定历史时期的社会生产体系中，基于不同的地位、往往通过法律形式得以明确的生产资料的关系以及在社会劳动组织中所扮演的角色，而形成的大规模的社会集团。这些集团因其在社会经济结构中的地位的差异，从而导致其获取社会财富的方式和多寡均有所不同。列宁进一步指出，"所谓阶级，就是这样一些集团，由于它们在一定社会经济结构中所处的地位不同，其中一个集团能够占有另一个集团的劳动"[②]。这些集团在社会经济结构中的地位存在差异，导致它们获取及控制社会财富的方式和数量存在显著差异。进一步而言，阶级亦可被定义为在特定社会经济结构中所处地位的不同，从而有能力占有另一个集团劳动成果的集团。

马克思主义经典作家们提出，阶级并非人类社会永恒不变的结构，而是一种与特定历史阶段的生产方式发展紧密相关的过渡性现象。本质上，阶级属于经济领域的范畴，其划分应基于经济标准，而非政治或意识形态等其他非经济标准。这一

---

①《马克思恩格斯选集》第 3 卷，人民出版社 2012 年版，第 760 页。
②《列宁选集》第 4 卷，人民出版社 2012 年版，第 11 页。

观点强调了经济基础在社会结构和阶级形成中的决定性作用。恩格斯还特别指出，"生产以及随生产而来的产品交换是一切社会制度的基础；在每个历史地出现的社会中，产品分配以及和它相伴随的社会之划分为阶级或等级，是由生产什么、怎样生产以及怎样交换产品来决定的"①，在各个历史时期，社会阶级之间的斗争实质上是生产关系和交换关系所塑造，是特定历史时期经济关系的具体表现。这一观点强调了经济结构在阶级形成和阶级斗争中的基础性作用，"社会阶级在任何时候都是生产关系和交换关系的产物，一句话，都是自己时代的经济关系的产物"②。列宁在探讨阶级的本质时明确指出："区别各阶级的基本标志，是它们在社会生产中所处的地位，也就是它们对生产资料的关系。"③基于此观点，可以得出结论，阶级的形成、存续及演变与经济发展的进程密切相关。这一论断不仅揭示了阶级划分的经济基础，而且强调了经济关系在阶级动态中的核心作用。

阶级斗争是指不同阶级基于根本利益冲突而产生的对立与斗争。阶级斗争深植于物质利益的对立和社会经济关系的冲突之中。因而，一切阶级斗争，归根结底都是围绕经济利益这个轴心展开的。恩格斯指出："以往的全部历史，除原始状态外，都是阶级斗争的历史；这些互相斗争的社会阶级在任何时

---

① 《马克思恩格斯文集》第 3 卷，人民出版社 2009 年版，第 547 页。
② 《马克思恩格斯文集》第 3 卷，人民出版社 2009 年版，第 544 页。
③ 《列宁全集》第 7 卷，人民出版社 2013 年版，第 30 页。

候都是生产关系和交换关系的产物，一句话，都是自己时代的经济关系的产物；因而每一时代的社会经济结构形成现实基础，每一个历史时期的由法的设施和政治设施以及宗教的、哲学的和其他的观念形式所构成的全部上层建筑，归根到底都应由这个基础来说明。"①阶级斗争作为阶级社会中不可避免的客观现象，贯穿于阶级社会的发展全程。在阶级社会的历史进程中，生产力和生产关系、经济基础和上层建筑之间的固有矛盾，通过阶级斗争的形式得以彰显。如果说近代以前阶级斗争在历史中的作用还较为隐蔽，那么在近代欧洲伴随封建制度土崩瓦解而来的汹涌澎湃的革命，则非常明显地体现了阶级斗争的作用。特别是 19 世纪初期，英国土地贵族与资产阶级之间的权力争夺成为该国政治斗争的核心议题。从 1830 年起，在英国和法国，工人阶级已被承认是争夺统治权的第三个阶级力量。正如恩格斯所说："这三大阶级的斗争和它们的利益冲突是现代历史的动力，至少是这两个最先进国家的现代历史的动力。"②

在马克思、恩格斯相继逝世后的一百余年间，资本主义获得了前所未有的发展，其生产方式发生了深刻的结构性转型，这一转型使得阶级与阶级斗争看似早已溢出了传统阶级分析的理论边界。一是伴随着资本主义产业结构深度调整，阶级

---

①《马克思恩格斯文集》第 3 卷，人民出版社 2009 年版，第 544 页。
②《马克思恩格斯文集》第 4 卷，人民出版社 2009 年版，第 305 页。

结构变得更为复杂，流动性增强，传统意义上的两大阶级人数不断下降，中产阶级崛起。二是"丰裕社会"下的工人阶级内部异质化凸显，革命性衰退。当工人摆脱经济上的绝对贫困后，他们与资产阶级的对抗性就被极大地削弱了。三是资产阶级统治方式发生重大改变，随着民主政治的发展与统治新形式的完善，作为统治阶级的资产阶级日益成为隐秘存在。这些改变是否意味着马克思的阶级分析已失去其科学性？答案是否定的。对阶级问题的考察，关键在于理解由"资产阶级""无产阶级"构成的"二元"结构的真正内涵。

历史唯物主义的阶级分析理论是以"生产方式"概念的确立为标志的。该理论的最终形成大致经历了以下几个阶段：在 1843 年《克罗茨纳赫笔记》中，马克思借助历史学研究形成了有关阶级与阶级斗争的最初观念，认识到了资产阶级政治革命的局限性，且主张要实现真正的人类平等就必须消灭私有制。马克思在《1844 年经济学哲学手稿》中指出了在资本和劳动最初分开及这一分开完成的基础上人类分裂为"资本家和工人"两大阶级的基本事实。在《德意志意识形态》中，马克思、恩格斯批判了费尔巴哈从抽象个人出发的"爱的宗教"，强调要从受制于一定的物质活动以及物质生活条件的、现实的个人出发来理解历史。至此，"生产方式"作为新的理论框架被加以阐发。随着对资本主义这一特定生产方式理解的深化，阶级分析进一步内化到生产与再生产过程的展开中。1852年，马克思在给魏德迈的复信中谈道："阶级的存在仅仅同生产发展的一定历史阶段相联系。"①而在《〈政治经济学批判〉序言》中，其更深刻指出："资产阶级的生产关系是社会生产过程的最后一个对抗形式，这里所说的对抗，不是指个人的对抗，而是指从个人的社会生活条件中生长出来的对抗。"②"社会生活条件"体现着一定的社会形式，这种社会形式存在"生产的物质发展和它的社会形式之间"③的冲突。这种冲突在社会政治领域就表现为资产阶级与无产阶级之间不可调和的斗争。也正因此，资产阶级和无产阶级不是抽象的个体性存在和单纯的政治群体，而是资本主义生产过程的承担者，是一定的资本和雇佣劳动的"人格化"。

深入理解马克思主义阶级分析理论的思想内涵，是我们认识阶级问题的基本路径和方法论基础。首先，要深入具体历史进程，突破抽象的概念表达及虚假对立。马克思指出："如果事物的表现形式和事物的本质会直接合而为一，一切科学就都成为多余的了。"④阶级问题的讨论不应局限于可见的劳动形式与工人阶级的构成等具体概念的界定，而应着眼于对其基于具体社会历史条件的本质加以考察。工人阶级的斗争性在于其受到资本主义基本矛盾的限制和压迫。其次，从历史主体来看，资本主义的"掘墓人"仍是"工人阶级"。在马克思主义

①《马克思恩格斯文集》第 10 卷，人民出版社 2009 年版，第 106 页。
②《马克思恩格斯文集》第 2 卷，人民出版社 2009 年版，第 592 页。
③《马克思恩格斯文集》第 7 卷，人民出版社 2009 年版，第 1000 页。
④《马克思恩格斯文集》第 7 卷，人民出版社 2009 年版，第 925 页。

的原初意义上，无产阶级是以雇佣劳动为基础的资本主义生产方式的产物，正是后者造就了"除了自己的劳动力以外一无所有的生产者"①。工人阶级之所以能够成为"真正革命的阶级"，并不是因其天然具有革命性，而是在大工业发展过程中，无产阶级意识到"只有废除自己的现存的占有方式，从而废除全部现存的占有方式，才能取得社会生产力"②的结果。虽然当代资本主义生产方式和积累模式已发生变化，但只要资本主义运行的总体机制及其背后的生产关系未发生本质改变，这条逻辑就仍然有效。最后，因为工人阶级并未脱离资本主义运行机制，所以必须坚持基于"生产方式"理论结构的阶级分析的科学性与有效性。一个人的工人阶级属性不在于其以何种方式从事劳动，而在于其是否在资本主义生产过程中处于被雇佣地位并为资本家创造"剩余价值"。应当明确，马克思的阶级分析是在一定的物质生产方式及其历史性展开的基础上形成的，因而"特定'主体'才构成了阶级的本质"③。

　　阶级与阶级斗争理论是马克思主义的基本原理，去阶级化的马克思主义也就不能称为真正的马克思主义。马克思主义具有鲜明的阶级属性，这种属性不仅仅是因为工人阶级的贫困状态，更多地是因为马克思在无产阶级身上发现的普遍性

---

① 《马克思恩格斯文集》第 9 卷，人民出版社 2009 年版，第 288 页。
② 《马克思恩格斯文集》第 2 卷，人民出版社 2009 年版，第 42 页。
③ 周嘉昕：《从"生产方式"到"社会形态"——19 世纪 50 年代后历史唯物主义的深化和推进》，《新时代马克思主义论丛》2019 年第 2 期，第 37 页。

（"无产阶级自己本身的存在的秘密"）代表着历史的趋向，这与马克思的唯物史观紧密相连。剥离阶级斗争理论，就是取消马克思主义。马克思主义政治立场，首先就是阶级立场，这就要求进行阶级分析。若背离阶级观点，放弃阶级分析方法，则无法称之为马克思主义[①]。坚持阶级分析方法意味着运用马克思主义关于阶级和阶级斗争的理论来观察与理解阶级社会的社会历史现象。正如列宁所说，"马克思主义提供了一条指导性的线索，使我们能在这种看来扑朔迷离、一团混乱的状态中发现规律性，这条线索就是阶级斗争的理论"[②]。阶级分析方法论要求我们采取一种全面且动态的视角来审视阶级状况，分析各阶级的经济地位、政治立场和意识形态，准确把握各阶级之间的关系和阶级力量的对比，把握社会运动和社会生活的脉搏。

阶级分析理论历来是党和国家制定路线、方针、政策的重要依据。在新民主主义革命时期，毛泽东就提出弄清"谁是我们的敌人？谁是我们的朋友？这个问题是革命的首要问题"[③]。"文化大革命"的发生，很重要的一个原因在于错误地估计了阶级斗争在整个阶级结构中的地位。在社会主义建设时期，人民内部的矛盾成为关注的焦点，协调人民内部不同社

---

① 王广：《阶级分析方法仍是认识历史、把握历史的科学方法》，《史学理论研究》2022 年第 3 期。

② 《列宁选集》第 2 卷，人民出版社 2012 年版，第 426 页。

③ 《毛泽东选集》第 1 卷，人民出版社 1991 年版，第 3 页。

会群体的利益关系成为中国社会发展的主导内容。在当代中国，我们在阶级问题上要始终坚持党中央作出的科学判断。关于中华人民共和国成立以来尤其是改革开放以来国内的阶级状况，我们党早已作出了明确的论断。党的十一届六中全会通过的《关于建国以来党的若干历史问题的决议》深刻指出，"在剥削阶级作为阶级消灭以后，阶级斗争已经不是主要矛盾。由于国内的因素和国际的影响，阶级斗争还将在一定范围内长期存在，在某种条件下还有可能激化。既要反对把阶级斗争扩大化的观点，又要反对认为阶级斗争已经熄灭的观点……必须正确认识我国社会内部大量存在的不属于阶级斗争范围的各种社会矛盾，采取不同于阶级斗争的方法来正确地加以解决，否则也会危害社会的安定团结"①。这就明确要求，在阶级尤其是阶级斗争问题上，既要反对"把阶级斗争扩大化"的观点，也要反对"阶级斗争熄灭论"的观点，即一方面要与反对党的领导、攻击国家根本制度和破坏社会主义的思想行为作斗争，另一方面要准确识别和妥善处理人民内部矛盾，避免将这些矛盾错误地视为敌我矛盾②。这种分析框架强调了在处理阶级问题时的复杂性和细微差别，要求我们在理论与实践中都保持科学认识，确保斗争得到合理解决。

---

① 《中国共产党中央委员会关于建国以来党的若干历史问题的决议》，人民出版社 1981 年版，第 56 页。

② 王广：《阶级分析方法仍是认识历史、把握历史的科学方法》，《史学理论研究》2022 年第 3 期。

三、无产阶级专政是社会主义事业的基石

按照马克思主义国家学说，民主与专政构成国家本质属性的两个方面。对于一个国家来说，有民主，就必须有专政，有专政，就必须有民主，二者有机统一于国家。国家是阶级统治的工具，是代表在经济上占统治地位的阶级为了维护本阶级的利益、巩固其统治地位而实行政治统治的暴力机构。

恩格斯在《家庭、私有制和国家的起源》中科学地阐述了国家产生的原因，认为国家的出现是人类社会发展的必然结果，是随着阶级的出现而出现的。他指出："国家是社会在一定发展阶段上的产物；国家是承认：这个社会陷入了不可解决的自我矛盾，分裂为不可调和的对立面而又无力摆脱这些对立面。而为了使这些对立面，这些经济利益互相冲突的阶级，不致在无谓的斗争中把自己和社会消灭，就需要有一种表面上凌驾于社会之上的力量，这种力量应当缓和冲突，把冲突保持在'秩序'的范围以内；这种从社会中产生但又自居于社会之上并且日益同社会相异化的力量，就是国家。"[①]相对于原始社会的"野蛮时代"，"国家是文明社会的概括"[②]。同时，国家又是社会内部矛盾运动发展的结果，是阶级社会的暴力组

---

① 《马克思恩格斯文集》第 4 卷，人民出版社 2009 年版，第 189 页。
② 《马克思恩格斯文集》第 4 卷，人民出版社 2009 年版，第 195 页。

织，是阶级矛盾不可调和的产物和外在表现。

　　列宁继承并发展了恩格斯的思想，他认为，"国家是在社会划分为阶级的地方和时候、在剥削者和被剥削者出现的时候才出现的"①。在阶级矛盾客观上达到不能调和的地方、时候和条件下，便产生了国家。反过来说，国家的存在证明了阶级矛盾不可调和。国家从表面上看是凌驾于社会之上的、负责维护社会秩序的特殊管理机器，这种表面现象掩盖着国家的真正实质。其实，国家是与阶级矛盾和阶级斗争不可分割地联系在一起的。国家是作为统治阶级实行阶级压迫的工具而出现的。在有阶级的社会里，任何一个阶级的统治都来源于它的经济统治，而其经济统治又必须依靠它的政治统治来维护和巩固。因此，国家政权总是属于在经济上占统治地位的阶级，国家是经济上占统治地位的阶级镇压和压迫被统治阶级的手段与工具。

　　国家也不是永久存在的，它有一个产生、发展和灭亡的过程。"阶级不可避免地要消失，正如它们从前不可避免地产生一样。随着阶级的消失，国家也不可避免地要消失。在生产者自由平等的联合体的基础上按新方式来组织生产的社会，将把全部国家机器放到它应该去的地方，即放到古物陈列馆去，同纺车和青铜斧陈列在一起。"②"我们只能谈国家消亡的必

　　①《列宁选集》第4卷，人民出版社2012年版，第27页。
　　②《马克思恩格斯文集》第4卷，人民出版社2009年版，第193页。

然性，同时着重指出这个过程是长期的，指出它的长短将取决于共产主义高级阶段的发展速度。"①顺应社会发展的客观规律，随着阶级、经济差别和阶级矛盾的彻底消灭，作为人类历史上最后一种类型的无产阶级专政的国家也不可避免地会自行消亡。

　　无产阶级专政理论是马克思主义国家观的精髓。1848年，马克思、恩格斯在《共产党宣言》中，初步表达了"无产阶级用暴力推翻资产阶级而建立自己的统治"②，"上升为统治阶级，争得民主"③的无产阶级专政的思想，并提出无产阶级专政的主要任务是一步一步地夺取资产阶级的全部资产，把一切生产工具集中在成为统治阶级的无产阶级手中，并且尽可能快地增加生产力的总量。1850年，在《1848年至1850年的法兰西阶级斗争》一书中，马克思在总结法国革命经验时，首次明确把"推翻资产阶级！工人阶级专政！"④作为工人阶级战斗的目标。1852年3月，马克思在致魏德迈的信中，进一步论证了"阶级斗争必然导致无产阶级专政"这一论断，指出"这个专政不过是达到消灭一切阶级和进入无阶级社会的过渡"⑤。1871年3月，法国工人举行起义，建立巴黎公社，这

①《列宁选集》第3卷，人民出版社2012年版，第198页。
②《马克思恩格斯文集》第2卷，人民出版社2009年版，第43页。
③《马克思恩格斯文集》第2卷，人民出版社2009年版，第52页。
④《马克思恩格斯文集》第2卷，人民出版社2009年版，第104页。
⑤《马克思恩格斯文集》第10卷，人民出版社2009年版，第106页。

是无产阶级专政的第一次尝试。1875 年，马克思在《哥达纲领批判》中进一步指出："在资本主义社会和共产主义社会之间，有一个从前者变为后者的革命转变时期。同这个时期相适应的也有一个政治上的过渡时期，这个时期的国家只能是无产阶级的革命专政。"①

无产阶级专政国家政权的建立是无产阶级革命取得胜利的根本的和首要的标志，是无产阶级在历史上的革命作用的最高表现，也是取得社会主义革命胜利、进行社会主义建设的首要条件。列宁说："谁要是仅仅承认阶级斗争，那他还不是马克思主义者"，"只有承认阶级斗争、同时也承认无产阶级专政的人，才是马克思主义者。"②无产阶级专政是通向共产主义的必由之路，从资本主义到共产主义的整个时期内都必须坚持无产阶级专政。但无产阶级专政是一个由建立、巩固到逐渐消亡的辩证发展过程，必须把实行无产阶级专政作为达到废除阶级并和阶级一起废除国家的过渡手段，无产阶级专政及其国家形式是一个历史范畴，它将随着自己的历史使命的最终完成，即人类进入无阶级的共产主义社会而逐渐消亡。

以毛泽东为代表的中国共产党人把马克思列宁主义的无产阶级专政的原理同中国革命的实际以及中国社会主义建设的具体实际相结合，从中国国情出发，创造出人民民主专政这种

---

① 《马克思恩格斯文集》第 3 卷，人民出版社 2009 年版，第 445 页。
② 《列宁选集》第 3 卷，人民出版社 2012 年版，第 139 页。

特殊的国家形式。1948 年 9 月，毛泽东在中央政治局会议上，完整、明确地提出了"建立无产阶级领导的以工农联盟为主体的人民民主专政"①的主张。1949 年 6 月，毛泽东在《论人民民主专政》中指出，"总结我们的经验，集中到一点，就是工人阶级（经过共产党）领导的以工农联盟为基础的人民民主专政。这个专政必须和国际革命力量团结一致。这就是我们的公式，这就是我们的主要经验，这就是我们的主要纲领"②。他还指出，"对人民内部的民主方面和对反动派的专政方面，互相结合起来，就是人民民主专政"③。中华人民共和国成立以后，我国按照人民民主专政的原则建立国家政权，在人民内部实行民主，对敌人实行专政，我国肩负着社会主义革命和社会主义建设的任务。

　　人民民主专政是具有中国特色的无产阶级专政。人民民主专政"实质上也就是无产阶级专政，但是人民民主专政的提法更适合于我们的国情"④。这是中国人民在中国共产党领导下，根据中国具体国情，对新中国国体及政体的唯一正确的政治选择。"人民民主专政的要义为：第一，坚持以工人阶级为领导阶级，以工人阶级的先锋队中国共产党为领导核心；第二，坚持以马克思主义、中国化的马克思主义作为人民民主专

①《毛泽东选集》第 4 卷，1991 年版，第 1375 页。
②《毛泽东选集》第 4 卷，1991 年版，第 1480 页。
③《毛泽东选集》第 4 卷，1991 年版，第 1475 页。
④《邓小平文选》第 2 卷，1994 年版，第 372 页。

政的理论基础和思想指南；第三，坚持以工人阶级和农民阶级联盟为最主要的基础；第四，以一切热爱祖国、热爱社会主义事业的社会主义建设者为最广泛的联盟；第五，对少数敌人实行专政，对大多数人民群众实行最广泛的人民民主；第六，通过社会主义法制实施民主与专政。"①

人民民主专政构成了我国社会主义国家政权的本质特征与核心内容，是社会主义制度得以维系的基本保障，也是中国特色社会主义所遵循的原则之一。在推动社会主义的经济建设、政治建设、文化建设、社会建设以及生态文明建设过程中，发展科技、文化、教育和社会保障事业，大力推动社会生产力的发展并致力于构建社会主义物质文明、政治文明、精神文明、社会文明及生态文明，实现共同富裕，构成了人民民主专政长期而根本的任务②。现阶段，中国特色社会主义仍然处于马克思主义经典作家所判定的历史时代，即社会主义与资本主义两条道路、两种制度较量的时代，这个时代仍贯穿着无产阶级与资产阶级、社会主义与资本主义的对抗和斗争。因此，无论是在国际还是国内层面，阶级斗争依然存在，且不可能自行消亡。鉴于此，人民民主专政的坚持、巩固与强化显得尤为必要，它不仅是保卫和平、保卫人民、保卫社会主义的重要制度保障，也是应对当前国际国内形势下阶级斗争的必然要求。

① 王伟光：《坚持人民民主专政，并不输理》，《红旗文稿》2014年第18期。
② 王伟光：《坚持人民民主专政，并不输理》，《红旗文稿》2014年第18期。